1

„Papa kommt!“

Katharina brüllte so laut sie konnte. Sie hatte schon stundenlang hinter dem Fenster gestanden. Jetzt rannte sie zur Tür. Ihr Bruder Felix hinterher. Danach die Mutter. Stefan und Paul fühlten sich mit ihren 15 und 16 Jahren schon zu erwachsen, um schreiend durchs Treppenhaus zu laufen. Also gingen sie ihrem Vater irgendwie cooler entgegen, mit großen Schritten und einem lässigen Sprung über die Mauer.

War das immer eine Freude, wenn der Vater nach langer Zeit wieder mit seinem LKW in der Straße auftauchte. Diesmal war er in Italien gewesen. Fast drei Wochen lang.

„Na, meine Süßen!“

Der Vater strahlte über das ganze Gesicht, als er aus dem Führerhaus kletterte. Als Erstes schnappte er sich Katharina, das einzige Mädchen der Familie. Und dazu die Jüngste. Sie war sein Goldschatz. Das sagte er immer wieder. Jetzt schwenkte er sie durch die Luft. Katharina kreischte und quietschte.

Danach war Felix an der Reihe. Er war genauso wild wie seine kleine Schwester. Stürzte sich auf seinen Vater und hängte sich an sein Knie.
Mit Katharina auf dem Arm und Felix am Bein stiefelte Herr Seidt zu Paul und Stefan hinüber.
„Na, meine Großen? Wie sieht's aus?"
Mit dem freien Arm haute er beiden kräftig auf die Schulter.
„Ganz okay", sagte Stefan.
„Alles klar", brummte Paul.
„Ja?"
So ganz überzeugt hörte sich der Vater allerdings nicht an. Er setzte Katharina ab und löste sich von Felix, um die Mutter fest zu umarmen und ihr einen Kuss auf die Wange zu drücken.
Stefan beobachtete sie aus den Augenwinkeln. So richtig verliebt sahen sie eigentlich nicht mehr aus. Eher so ein bisschen wie gute Kumpel. „Was soll's", dachte er sich. Viele aus seiner Klasse hatten keine Eltern mehr, die nach 16 Jahren noch verheiratet waren.
„So, jetzt komm aber erst mal rein. Ich hab Schwarzwälderkirschtorte gebacken."

Hallo, grüß dich!

Bevor du dieses Buch liest, möchte ich mich dir kurz vorstellen.
Mein Name ist Annette Weber. Ich lebe mit meiner Familie, einem geduldigen Ehemann, drei ziemlich erwachsenen Kindern und zwei Islandpferden in Bad Lippspringe, einer kleinen Stadt bei Paderborn.
Lange Zeit habe ich nebenberuflich geschrieben und außerdem an einer Grundschule als Lehrerin gearbeitet. Mittlerweile bin ich aber nur noch als Autorin tätig.
Ich mache viele Dinge nebeneinander oder auch gleichzeitig, putze, kaufe ein, frage Vokabeln ab, trinke Kaffee mit Freundinnen, gehe im Wald spazieren, fahre mit dem Auto durch die Gegend oder, oder, oder …
Aber wenn ich an meinem Computer sitze und meine Ideen in meine Tastatur tippe, bin ich besonders glücklich. Ich hoffe, du merkst das beim Lesen.

Ich wünsche dir viel Spaß dabei.

Annette Weber

Ach übrigens:
Du kannst mich auch gerne auf meiner Homepage besuchen.
Sie lautet: www.annette-weber.com

„Hmm.“
Es war so richtig heile Welt. Der Vater erzählte von Italien und was ihm unterwegs alles passiert war. Reifenpanne in der Schweiz, Stau im Tunnel, Streik an der Grenze.
Der Vater redete gerne und die Kleinen hingen an seinen Lippen.
„So, nun habe ich aber genug erzählt“, brach der Vater schließlich ab. „Jetzt seid ihr an der Reihe.“
Was sollten sie schon groß erzählen. Es war alles wie immer. Katharina berichtete vom Kindergarten, Felix von der Einschulung ins erste Schuljahr, Paul von seinem Job als Prospektverteiler, auf den er so stolz war.
Stefan überlegte, was er erzählen sollte.
„Wir machen Ende des Schuljahres eine Klassenfahrt nach Berlin“, sagte er schließlich. „Für fünf Tage.“
„Das ist ja toll. Mensch, Berlin, da war ich auch vor ein paar Monaten. Tolle Stadt.“
Der Vater schien wirklich die ganze Welt zu kennen.
„Ich habe heute den Zettel dazu gekriegt. Frau Lempert will nämlich nächste Woche

das Geld einsammeln. Zehn Euro im Monat, damit es am Ende des Schuljahres nicht zu viel wird."
„Zehn Euro? Wie teuer soll die Fahrt denn werden?"
„Ich hole mal den Zettel."
Stefan ahnte, dass es jetzt ungemütlich wurde. Wenn's um Geld ging, machte der Vater schnell ein riesiges Drama.
Auch Frau Seidt schien das zu befürchten.
„Lasst uns doch später darüber reden, ja?", sagte sie schnell. „Herrmann, nimm doch noch ein Stück Kuchen."
Aber Herrmann ließ sich nicht ablenken.
Mit wachem Blick las er sich das Papier durch, das Stefan ihm hinhielt.
„Hundertzwanzig Euro!", fauchte er. „Ich werd verrückt. Die Lehrer spinnen total. Wissen die denn nicht, was ein normaler Malocher verdient?"
„Herrmann", mischte sich Frau Seidt nun ein.
„Zehn Euro im Monat haben wir doch wohl.
Guck mal, die Kinder gehen in Berlin doch auch ins Theater und wollen ins Museum."
„Theater und Museum. Dass ich nicht lache", meckerte der Vater weiter. „Was wollen die

denn da? Interessiert doch keinen Menschen. Warum gehen die nicht in Dortmund in den Zoo und gut is'."
Stefan, Paul, Felix und Katharina sagten nichts dazu. Sie wussten, wie es weiterging.
„Und was ist mit dem Leasing für das Auto?", fuhr der Vater fort. „Hast du daran schon mal gedacht? Und die Wohnungsmiete ist auch noch nicht überwiesen."
„Ich weiß ja, Herrmann. Auch die Telefonrechnung ..." Frau Seidt brach erschrocken ab.
Die Kinder blickten betreten zu Boden. Warum musste die Mutter ausgerechnet jetzt mit der Telefonrechnung anfangen?
„Was ist damit?"
„Na ja." Frau Seidt biss sich auf die Lippen.
„Zeig mal her. Ich will sehen, was damit ist!"
Katharina rannte los und fischte die Rechnung aus der Schublade.
„Hier", sagte sie. „Paul und Stefan waren immer im Internet", trompetete sie dann.
„Und Mama hat immer telefoniert. Und auch Felix ..."
„Ach halt doch die Klappe, du Petze", fauchte Paul.

Er sah so aus, als wollte er gleich vor Wut platzen.
„Wie, was soll das denn heißen? Wieso waren die immer im Internet?"
„Du wolltest ja keine Flatrate", sagte Stefan trotzig.
„Und weißt du auch, warum nicht?", schnaubte der Vater wütend. „Weil die auch Geld kostet, mein Sohn."
Na und, hätte Stefan am liebsten gesagt, aber das wagte er nicht. Er wusste, dass sein Vater dann komplett austicken würde.
„Und so viel Geld nur dafür, dass ihr da rumchattet und euch ein paar Pornos anglotzt. Das sehe ich nicht ein. Die paar Minuten, in denen ihr das Internet mal für ein Referat nutzt, kann ich jedenfalls an einer Hand abzählen."
Der Vater starrte weiter auf das Papier in der Hand.
„Und was ist das hier für 'ne Nummer? Die 32 64 98? Die scheint ihr ja jeden Tag mehrmals anzurufen."
Alle schwiegen. Der Vater sah streng von einem zum anderen.
„Wer von euch wählt die Nummer immer?"

„Ich“, sagte die Mutter nun und sah ihren Mann herausfordernd an. „Es ist nämlich Brigittes Nummer.“
„Brigitte“, fauchte der Vater. „Diese dumme Nuss. Das hätte ich mir denken können.“
„Sie ist immerhin meine beste Freundin.“
„Müsst ihr darum jeden Tag zweimal stundenlang telefonieren?“
Stefan kannte das genau. Das ging jetzt so weiter, bis sich die Eltern wieder in den Haaren hatten. Erst brüllte der Vater, dann weinte die Mutter, dann heulte Katharina. Und alles, weil das Leben so verdammt teuer geworden war.
Es hatte Zeiten gegeben, da waren die Eltern ganz gut mit dem Geld hingekommen.
Aber dann kam der Euro. Sein Vater verlor seine Arbeit und musste als LKW-Fahrer anfangen. Und bei dem Job bekam er weniger Lohn als vorher.
Katharinas Kindergarten war außerdem teurer und die Miete höher geworden. So blieb nichts mehr übrig, um sich das eine oder andere zu leisten. Nicht mal Internet war mehr drin. Und die Klassenfahrt konnte er sich auch von der Backe putzen.

Stefan stand auf und ging in sein Zimmer. Paul folgte ihm.
Sie teilten sich ein Zimmer, seit Katharina geboren worden war. Aber das war kein so großes Problem.
„Immer das gleiche“, murmelte Paul.
„Da freut man sich auf den Alten und nach einer Stunde wünscht man ihn schon wieder nach Italien zurück.“
Stefan nickte. Mit einem Fußtritt schaltete er den Fernseher an.
Es kam eine dieser Talkshows mit viel Geheule und hysterischen Frauen, die sich beklagten: „Hilfe, mein Freund geht immer fremd!“ Worauf der Freund dann meist antwortete: „Ja, wenn du auch immer so viel rumzickst!“
„Unsere Eltern sollten auch mal in so eine Talkshow gehen“, murrte Stefan. „So nach dem Motto: Ich liebe dich besonders, wenn du nicht da bist.“

Zwei Stunden später gab es Abendessen.
Die Mutter saß mit aufgesetztem Lächeln

am Tisch, der Vater mit brummigem Gesicht daneben.
„Hört mal“, sagte der Vater. „Wir müssen mal was mit euch besprechen. Ihr habt ja schon gemerkt, dass wir im Moment hinten und vorne nicht mehr mit dem Geld klarkommen.“
„Das war nicht zu überhören“, sagte Paul provozierend.
„Werd bloß nicht frech“, fuhr ihn sein Vater an. „Und nimm diese Kappe ab, sonst setzt es was, mein Freund.“
Paul nahm die Baseballkappe vom Kopf. Alle starrten ihn an. Ohne Kappe sahen sie ihn höchstens mal im Bad. Sonst trug er sie immer. Es störte auch niemanden. Nur der Vater meinte, in der Woche, in der er zu Hause war, seine Kinder zu gutem Benehmen erziehen zu müssen.
„Es ist nämlich so“, redete die Mutter schnell weiter. „Ich könnte bei uns im Edeka-Laden den ganzen Tag arbeiten. Also volle acht Stunden. Hilde ist doch letzte Woche gegangen. Ich könnte für sie einspringen. Für euch heißt das allerdings, viel Verantwortung zu übernehmen. Packt ihr das?“

Paul und Stefan sahen sich kurz an. Verantwortung übernehmen? Das hieß kochen und einkaufen, Kathi vom Kindergarten abholen, Hausaufgaben mit Felix machen. Und vielleicht noch vieles andere mehr.

„Du könntest dann auch auf Klassenfahrt gehen", versuchte die Mutter, die beiden zu überreden. „Und für dich, Paul, wäre endlich mal eine E-Gitarre drin."

Stefan und Paul sagten nichts. Verantwortung, das hieß auch, keine LAN-Session bei André, keine Treffen mit der Clique, kein Fußball am Schulzentrum und kein Inliner-Fahren auf der Rampe.

„Klar packen die das", sagte der Vater. „Sind doch keine kleinen Kinder mehr."

2.

Der Alltag mit der Verantwortung kam schneller, als allen lieb war. Nämlich genau an dem Tag, an dem der Vater wieder winkend mit seinem LKW davonfuhr.
Irgendwie atmeten diesmal alle nicht so richtig auf. Er hatte ihnen bis jetzt viel Arbeit abgenommen.
„Ich mache euch mal einen Zettel“, sagte die Mutter am Sonntagabend. „Also, Stefan, du bringst Katharina vor der Schule in den Kindergarten und nach der Schule holst du sie wieder ab. Du Paul, musst einkaufen gehen. Felix, wenn du aus der Schule kommst, fängst du schon alleine mit deinen Hausaufgaben an.“
„Mach ich“, sagte Felix wichtig.
Er war froh, auch seinen Beitrag zum Familiensparprogramm leisten zu können.
Paul grinste. „Aber die Glotze bleibt aus, Kleiner. Sonst setzt es was.“
Paul war jetzt ganz der Vater.
„Dann müsst ihr was kochen. Nicht so schwere Sachen. Pizza auftauen oder Linsensuppe aus der Dose. So richtig

schön kochen wir dann am Sonntag, ja?“
Frau Seidt sah unglücklich von einem zum anderen. Stefan und Paul nickten. Würde schon irgendwie gut gehen. Im Grunde war es ja wirklich kein großes Ding.

Aber als es dann losging, war es doch schwerer, als sie gedacht hatten. Zum Beispiel, wenn man Katharina aus dem Kindergarten abholte.
Katharina war eine einzige Klüngelmaus. Bevor sie ihre Jacke angezogen hatte, musste sie noch ein Bild zu Ende malen, die Bauecke aufräumen und dem Teddy Tschüss sagen.
„Mensch, Kathi, ich hab nicht ewig Zeit“, schimpfte Stefan. „Wenn du jetzt nicht mitkommst, gehe ich alleine.“
„Geh doch!“, kreischte Katharina und lief noch einmal in den Garten zur Rutsche.
Jetzt platzte Stefan echt der Kragen.
„Hör zu, Kleine, jetzt ist echt Schicht im Schacht. Wenn du jetzt nicht kommst, kleb ich dir eine!“

Katharina spürte, dass Stefans Geduld an einem seidenen Faden hing. Darum kam sie jetzt widerstandslos mit. Aber schon an der nächsten Ecke hatte sie ein Gänseblümchen im Gras gefunden. Und dann sah sie eine kleine Katze. Die musste sie auch noch streicheln.
Stefan war auf hundertachtzig, als er endlich mit ihr zu Hause ankam.
Paul stand schwitzend in der Küche und rührte in einem Topf herum.
„Endlich kommt ihr. Wird allmählich alles schwarz im Topf."
„Nimm das doch mal vom Herd runter."
Stefan zog den Topf auf eine andere Herdplatte und öffnete das Fenster, damit der Qualm abziehen konnte.
„Felix, deck schon mal den Tisch!"
„Geht nicht, ich mache Hausaufgaben!"
Das war zu viel des Guten. Stefan war klar, dass er jetzt hier die Eltern vertreten musste. Und zwar so streng wie möglich, sonst machte nachher jeder, was er wollte.
„Du deckst jetzt den Tisch, Kleiner. Und zwar zacki!", sagte er und haute dabei mit der Faust auf den Tisch.

Sofort fing Felix an zu heulen.
„Jetzt hab ich einen Strich über das Blatt gemacht“, heulte er. „Herr Kaiser schimpft dann mit mir. Und dann muss ich alles noch mal machen.“
Stefan unterdrückte einen Fluch, ließ Felix links liegen und deckte selbst den Tisch.
Felix heulte immer lauter.
Katharina lief zu ihrem Bruder und drückte ihn.
„Armer Felix“, sagte sie und sah Stefan böse an. „Das sage ich Mama.“
„Weiß ich, du Petze“, erwiderte Stefan böse.
„Und vergiss nicht, ihr zu sagen, dass Felix nicht den Tisch deckt und du nach dem Kindergarten rumtrödelst. Dann wird Mama auch sauer.“
„Bäh“, machte Katharina und streckte ihm die Zunge raus.
Eine bessere Antwort fiel ihr nicht ein.
Als sie schließlich alle um den Tisch saßen und die etwas streng schmeckende Linsensuppe aßen, ging es allen schon besser.
Trotzdem war Stefan todmüde, als die Mutter endlich nach Hause kam.
„Musst du denn nicht noch für die Schule lernen?“, fragte sie ihn.

Stefan dachte einen Augenblick nach. Dann schüttelte er den Kopf.
„Nur noch Vokabeln lernen", sagte er. „Aber das mache ich morgen in der Straßenbahn."

Als Stefan über den Schulhof ging, kam ihm sein Freund Said entgegen.
„Na endlich. Ich dachte schon, du kommst nicht mehr."
„Keine Panik. Musste nur meine Schwester in den Kindergarten bringen. Die trödelt immer so schrecklich."
„Das kenne ich." Said hatte drei kleine Schwestern.
Aber immerhin hatte er eine Mutter, die sich um die Kinder kümmerte. Eine Mutter, die ihre Arbeit nicht auf ihre Söhne abwälzte, dachte Stefan verbittert. Er wusste, dass es ungerecht war, so zu denken. Seine Mutter war bestimmt auch unglücklich. Sie arbeitete ja wirklich den ganzen Tag. Aber trotzdem. Sie hatte sich so viele Kinder an den Hals geladen. Jetzt musste sie auch damit fertig werden.

Es war eben alles nicht so einfach.
„Hör zu“, sagte Said. „Heute Nachmittag ist Fußball. Die von der Robert-Koch-Schule haben uns herausgefordert. Sie wollen Rache für das Spiel in der letzten Woche.“
„Die Idioten. Die haben doch eh keine Chance.“
Stefan grinste. Seit einem halben Jahr spielten die Jungs aus der Achten gegen die Schüler aus der Nachbarschule. Und bis jetzt hatten sie die meisten Spiele locker gewonnen. Das lag vor allem daran, dass Stefan vier Jahre lang im Fußballverein gespielt hatte. Er hatte tierisch viele Tricks drauf und ließ sich nicht so schnell was vormachen.
„Du bist also dabei!“ Said lachte und schlug ihm auf die Schulter.
Nun kamen auch Ahmet und Torben, Steffi und Claudio auf ihn zu.
„Hast du schon gehört?“
„Machst du wieder mit?“
„Heute um drei!“
Plötzlich fiel es Stefan wie Schuppen von den Augen. Er konnte ja nachmittags nicht mehr weg.
„Leute“, sagte er. „Ich weiß ehrlich gesagt noch nicht, ob ich das schaffe. Ich muss

nämlich ..." Er biss sich auf die Lippen. Er brauchte seinen Kumpels ja nicht gerade mitzuteilen, dass er jetzt Babysitten musste. Aber Said hatte ihn schon durchschaut.
„Musst du schon wieder auf deine Schwester aufpassen?", fragte er und grinste dabei verächtlich.
„Quatsch", sagte Stefan schnell.
Warum er das sagte, wusste er auch nicht so genau. Es war doch im Grunde nicht so schlimm, mal auf seine Schwester aufzupassen. Aber irgendwie wusste er, dass die anderen darüber lachen würden. „Weiberarbeit!", würden sie sagen.
Und da passierte es auch schon.
„Ich habe dich gestern gesehen", sagte Torben. „Du hast deine Schwester vom Kindergarten abgeholt." Triumphierend wandte er sich an die anderen. „So'n Gesicht hat der gemacht."
Er verzog das Gesicht und demonstrierte es den Jungs. Alle lachten schallend.
„Und die Kleine ging da ganz gemütlich lang, pflückte noch ein Gänseblümchen und so." Torben konnte lustig erzählen und spielte jetzt die Rolle der Katharina.

„Und Stefan immer: Komm doch, Kathi. Sonst sage ich es Mama."
Nun blieb kein Auge trocken. Die anderen schlugen sich auf die Schenkel.
Zu anderen Zeiten hätte Stefan sich bestimmt nicht so darüber aufgeregt. Vielleicht hätte er sogar darüber lachen können. Bestimmt aber hätte er einen flotten Spruch auf den Lippen gehabt.
Diesmal aber fand er das nicht so witzig.
„Halt die Klappe, du Arsch!", sagte er und gab Torben einen so kräftigen Schubs, dass der direkt in Claudios Arme flog.
„Ey, was soll das?"
Torben war sauer. Und Claudio auch.
Er hatte sich auch ziemlich wehgetan, denn Torben hatte ihm versehentlich mit dem Arm in den Magen geboxt.
Sofort ging Torben auf Stefan los.
„Verstehst du keinen Spaß mehr, ey?"
Er schlug ihm mit der flachen Hand gegen den Kopf.
„Irgendwie habe ich den Witz dabei nicht kapiert", fauchte Stefan zurück und drehte Torben den Arm auf den Rücken. Nun trat Torben mit dem Fuß Richtung Hüfte, um

Stefans empfindlichste Stelle zu treffen.
Das machte Stefan noch wütender und er drehte den Arm fester nach hinten.
Torben jaulte auf.
„Lass Torben los!“, mischte sich Claudio ein und boxte Stefan gegen die Rippen.
Nun brach eine heftige Schlägerei aus.
Torben und Claudio gegen Stefan.
Said sprang für Stefan ein und half ihm.
Plötzlich tauchte Herr Klose neben ihnen auf.
Herr Klose war Vertrauenslehrer, Sportlehrer und Stufenleiter zugleich. Er besaß den schwarzen Gürtel in Karate und hatte ein Kreuz wie beide Klitschkos zusammen.
Said stellte sich sofort mit einem unschuldigen Gesicht an die Seite, Claudio gesellte sich zu ihm. Torben und Stefan prügelten noch ein bisschen weiter, gaben aber auf, als Herr Klose immer näher kam.
„Soll ich mitmachen?“, fragte er ironisch.
Torben schnaubte verächtlich.
„Du kriegst sie noch“, zischte er Stefan zu.
Stefan spuckte auf den Boden.
„Das will ich sehen.“
Es klingelte. Die Stunde fing an. Murrend bewegten sich die Schüler ins Gebäude hinein.

3.

Warum kamen die Tests immer dann, wenn man gerade mal nicht gelernt hatte? Echt ungerecht. Da konnte man lernen, was das Zeug hielt, aber ausgerechnet an dem Tag, an dem man es einmal vergessen hatte …

Zugegeben. Englisch war sowieso nicht Stefans Ding. Was sollte er auch damit. Wenn seine Eltern noch nicht mal das Geld für die Klassenfahrt nach Berlin aufbringen konnten, konnte er sicher sein, nie nach London zu kommen.

Aber Lehrer interessierten sich nicht für solche Argumente.

„Was soll das Gemaule?“, sagte Herr Wagner. „Lektion 9 war Hausaufgabe. Also Zettel raus.“

Das war irgendwie zu viel des Guten. Stefans Schädel brummte seit der Schlägerei sowieso wie ein Mühlrad. Er meldete sich.

„Kann ich wohl mal raus? Mir ist schlecht.“

„Mir auch“, brüllte die Hälfte der Klasse.

Das war ja zu erwarten. Herr Wagner reagierte gelassen.

„Ihr könnt alle raus, wenn ihr den Test fertig habt. Aber erst mal geht es zur Sache, meine Lieben.“
Er wanderte durch die Klasse und wartete, bis alle einen Zettel herausgeholt hatten.
„Komm, Stefan, mach schon. Wir haben nicht ewig Zeit.“
Stefan presste seine Hand vor den Mund.
„Mir ist echt total schlecht. Mein Schädel brummt. Wirklich, Herr Wagner. Schon heute Morgen.“
„Warum bist du denn nicht gleich zu Hause geblieben?“, ärgerte sich Herr Wagner.
„Das ist immer so schwer zu entscheiden. Und ehrlich gesagt, sieht das Ganze wirklich nach Drückebergerei aus.“
„Echt nicht, Herr Wagner. Ich kann die Arbeit morgen nachschreiben. Wirklich. Ich schwöre.“
Eigentlich war Stefan ein guter Schauspieler. Aber Herr Wagner blieb trotzdem misstrauisch. Lehrer kannten zu viele Tricks. Wenn man bei ihnen durchkam, war man fast oscarverdächtig.
Stefan würgte ein bisschen, um seiner Aussage noch mehr Nachdruck zu verleihen.

„Was soll ich denn mit dir machen? Willst du raus? Oder musst du nach Hause gehen?“
„Ich glaub, ich geh besser nach Hause.“
„Genau. Die Teletubbies werden gerade wiederholt“, blökte Claudio.
Stefan wusste, dass er jetzt eine Reihe von blöden Sprüchen über sich ergehen lassen musste. Seine Mitschüler waren alle neidisch. Die meisten von ihnen hatten keine Vokabeln gelernt.
Aber Stefan blieb bei seiner Rolle – krank – Kopfschmerzen – schon seit dem frühen Morgen – und so durfte er schließlich weg.
Langsam und mit gesenktem Kopf schlich er aus der Klasse, durch den Flur und das Treppenhaus. Auch über den Schulhof schlich er immer noch langsam. Es könnte ja jemand aus dem Fenster gucken.
Aber als er an der Straßenbahnhaltestelle angekommen war, konnte er nicht anders: Er musste einfach grinsen. Er war frei.
Die Straßenbahn kam eine Viertelstunde später. Stefan stieg ein. Er genoss die Fahrt durch die Innenstadt, am Markplatz vorbei. Wäre schön, jetzt auszusteigen und sich ein Eis zu kaufen. Andererseits konnte man nicht

sicher sein, auf einen Lehrer zu treffen. Die liefen ja irgendwie überall herum.
So fuhr Stefan nach Hause und machte es sich da gemütlich. Glotze an. MTV. Und nebenbei Computer zocken. Said hatte ihm ein neues Spiel kopiert. Das war echt cool. Und dann, als es auf halb eins zuging, holte er vier Pizzen aus der Kühltruhe und taute sie auf. Dann kam Felix nach Hause. Stefan öffnete ihm die Korridortür.
„Na, Kleiner. Wie war's?"
Felix war überrascht. Aber dann strahlte er. Wahrscheinlich fand er es auch nicht so schön, nach der Schule alleine zu Hause zu sein.
„He, wieso bist du schon da?"
„Der Lehrer war krank. Los, zeig mal deine Hausaufgaben. Und dann geht's los, Kleiner."
Felix schien ihn als Autorität zu akzeptieren. Er zeigte sein Hausaufgabenheft und holte sein Sprachbuch heraus.
„Wir sollen ein Diktat üben. Über den Frühling."
„Dann mal ran, mein Freund. Schreib das mal ab. Aber sauber. Ich hole Kathi ab.

Wenn Paul kommt, sag ihm, dass die Pizzen schon aufgetaut sind, ja?"
Es war alles viel schöner, wenn man Zeit und Ruhe hatte. Das fand auch Felix.
Mit Feuereifer machte er sich an die Arbeit.
Stefan ging zum Kindergarten und holte Kathi ab. Auch bei ihr zeigte er heute eine Engelsgeduld. Obwohl sie diesmal einen Marienkäfer fand und zweimal eine neue Schleife in ihren Schuh machen musste.

Weil alles viel besser klappte, wenn sich jemand zu Hause um alles kümmerte, blieb Stefan auch einen Tag später zu Hause.
Und dann noch einen Tag.
Es war ganz einfach. Er wartete ab, bis seine Mutter das Haus verlassen hatte. Dann brachte er Katharina in den Kindergarten und ging zurück. Es war toll, mal ganz allein zu sein. Glotze und Computer an, ein bisschen Schokolade, etwas Cola. Ein gemütliches Leben.
An die Schule dachte Stefan nur ungern.
Zum Lernen hatte er im Moment überhaupt keinen Nerv.

Außerdem brauchte er auch noch eine Entschuldigung. Aber da würde sich schon eine Lösung finden. Vielleicht könnte er selbst die Unterschrift fälschen. Das hatte er schon mal gemacht.
Warum sollte er sich darüber jetzt schon Gedanken machen? Er war hier zu Hause gut aufgehoben. Er wurde gebraucht. Und er hatte es gut. Schon erstaunlich, wie gut man ohne Schule leben konnte.
Stefan loggte sich über Counter Strike ins Internet ein und ließ sich die Rolle als Terrorist zuweisen. Er wählte die Militärlandschaft, dann den Typen in beige-grüner Uniform mit schwarzer Mütze und MG. Das Spiel startete sofort. Stefan lief mit seinem MG durch die Räume eines alten Hauses. Ganz schön unheimlich. Huch, wer war das? Ach so, einer von seinen Leuten. Beinahe hätte er den über den Haufen geknallt. Echt spannend, das Spiel.
Klack machte es. Stefan horchte nach draußen. War da jemand?
So'n Quatsch. Jetzt bekam er schon Verfolgungswahn.
Auf dem Monitor tauchte eine Figur am Ende des Flures auf. Stefan schoss. Getroffen.

Die Figur spritzte rot nach allen Seiten.
Waren da Schritte? Ziemlich unwahrscheinlich. Wohl eher das schlechte Gewissen, das sich leise meldete.
Ein krachender Schuss. Jetzt war Stefan getroffen. Tot! Scheiße! Seine Figur fiel um und verlor ihr MG. Und nur noch zwei Minuten zu spielen. Dann ging es noch einmal von vorne los. Wieder war Stefan hinter dem schwarz-braunen MG und rannte durch die Gänge des verlassenen Hauses.
Konzentrier dich!, dachte er.
„Hallo?“, hörte er jetzt eine Stimme hinter sich.
Stefan fuhr herum und starrte direkt in das Gesicht seines Vaters. Das konnte doch nicht wahr sein!
Noch ein Schuss. Wieder war er getroffen.
Das MG fiel auf den Boden. Stefan sprang auf.
„Was machst du denn hier?“, fragte er erschrocken.
„Ich wohne hier“, entgegnete der Vater.
„Und was machst du hier?“
Stefans Gedanken schossen wirr durch den Kopf. Er hatte Mühe, sie zu ordnen.

„Oh, ich weiß auch nicht. Ich spiele hier 'n bisschen rum. Wir hatten …" Er durfte jetzt keinen Fehler machen. „Wir hatten – also bei uns waren ein paar Lehrer krank. Grippe und so."

„Und da konntet ihr schon um halb zehn nach Hause gehen?"

Der Vater glaubte ihm kein Wort.

Irgendwie musste er so schnell wie möglich den Computer ausschalten, bevor sein Vater merkte, dass er im Internet spielte.

„Naja, wir haben morgen dafür ein bisschen mehr Unterricht."

Himmel, war er schlecht im Lügen. Stefan konnte seinem Vater ansehen, dass er kein einziges Wort glaubte.

„Machst du blau?"

Stefan wusste nicht, was er dazu sagen sollte.

„Ob du blaumachst, hab ich gefragt, Bursche!" Der Vater packte ihn jetzt am Kragen und zog ihn dichter an sich heran. Seine Augen funkelten.

„Nein, nein. Ich war – mir war heute so schlecht, da bin ich zu Hause geblieben. Echt, Papa. Hab mich gleich nach dem Frühstück übergeben."

„Aha. Jetzt hast du schon eine zweite Ausrede. Krank also.“ Der Vater verzog verächtlich das Gesicht. „Weiß Mama davon?“
„Glaube nicht. Sie war schon zur Arbeit. Ich hab Kathi noch in den Kindergarten gebracht und bin dann gleich zurück. Dann hab ich mich ein bisschen hingelegt und dann …“
Nein, nein. Dem Vater konnte man nichts vormachen. Er schob Stefan zur Seite und schaute ins Zimmer.
„Krank also. Aber Computer spielen, was?“
„Lieber Gott, wenn es dich wirklich gibt, dann lass ihn nicht merken, dass ich im Internet bin“, betete Stefan inbrünstig.
„Mach sofort das Ding aus. Und dann kommst du in die Küche und kochst mir einen anständigen Kaffee. Danach reden wir mal ein paar Takte, klar?“
„Klar.“
Er hatte es nicht gemerkt. Es gab Gott wirklich. Und wahrscheinlich hatte er Sympathien für Computerspieler.
Stefan loggte sich aus dem Spiel und fuhr den Rechner runter. Mit dem großen Zeh schaltete er ihn dann aus und ging in die Küche.

4.

Es gab einen Wahnsinnsärger. So einen richtigen Familienrat mit Mutter, Vater, Paul und Stefan.

„Wie konntest du deiner Mutter so was antun?“, fragte der Vater immer wieder.

Und die Mutter weinte. „Ich tu doch alles für euch“, schluchzte sie. „Könnt ihr denn nicht auch mal was übernehmen? Ich mach mich doch total kaputt für euch.“

Paul war so nett, gar nichts dazu zu sagen.

Er hatte seine Kappe abgenommen und drehte sie zwischen seinen Händen hin und her.

Und Stefan sagte. „War ja nur das eine Mal.“

Und auch: „Mach ich echt nie wieder.

Das verspreche ich euch.“

Und dann schrieb ihm seine Mutter schließlich eine Entschuldigung für die Schule. „Wegen starker Kopfschmerzen.“

Das war wirklich nett von ihr.

Stefan war wirklich voller guter Vorsätze, als er wieder zur Schule ging. Aber manch-

mal entwickeln sich die Dinge einfach blöder, als man will. Und dann ist ganz schnell der Gedanke da: „Mensch, ich hau einfach wieder ab.“ Da kann man einfach nichts machen.
Da war zum Beispiel diese Englischarbeit. Ganz plötzlich und überraschend. Simple present und present progressive. Und natürlich diese idiotischen Vokabeln der Unit 9, die er schon vor 14 Tagen nicht gelernt hatte. Das war schon mal keine Gelegenheit, bei der er seine guten Vorsätze unter Beweis stellen konnte.
Dann diese nervige Sache mit den Klassenkameraden. Immer wieder drängten sie ihn, zum Fußball zu kommen. Das Spiel gegen die Robert-Koch-Schule war ultraübel gelaufen. 14 : 3 für die anderen. Alle waren sauer auf ihn, weil sie meinten, er hätte sie hängen lassen.
„Spielt doch selbst einfach besser, ihr Schlappis“, sagte er. Da drohte ihm Torben gleich wieder Prügel an.
„Echt Alter, wenn du heute Nachmittag nicht kommst, kannst du dir ein paar neue Freunde suchen“, redete Said beschwörend auf ihn

ein. „Weißt du, was das für ein Gefühl ist, wenn man von seinem besten Freund hängen gelassen wird? Die von der Koch-Schule haben sich totgelacht über uns. Verlieren wir glatt im zweistelligen Bereich. Weißt du, wie man sich da fühlt? Wie ein Bayer, der gegen Freiburg verliert."
„Ist aber auch schon vorgekommen", murmelte Stefan.
Verzweifelt überlegte er, wie er sich den Nachmittag freistrampeln konnte.
Ob er Paul fragen sollte?
Paul war gerade dabei, Nudeln abzugießen, als Stefan mit Katharina nach Hause kam.
„Sag mal, Paule, kannst du heute hier mal die Oberaufsicht übernehmen? Wir haben ein Fußballspiel gegen die Robert-Koch-Idioten. Und wenn ich nicht erscheine, drehen unsere Jungs noch durch."
Paul nickte. „Kein Thema. Wenn ich dafür morgen mal zum Inliner-Treffen kann. Viktor hat es geschafft, dass die den Innenstadtring für uns sperren. Dann skaten wir durch die Altstadt. Der totale Wahnsinn."
Und so war Stefan guter Dinge, als er im Schulzentrum auftauchte. Die von der

Robert-Koch-Schule liefen sich schon warm. So'n paar riesige Typen hatten die diesmal mitgebracht. Die sahen irgendwie nicht ungefährlich aus.
„Ach, das machen die doch nur, um uns zu beeindrucken“, behauptete Said. „Wenn wir erst mal loslegen, gibt's nichts mehr zu lachen.“
Aber so ganz überzeugt hörte er sich doch nicht an.
Dann rannten sie ebenfalls am Spielfeld auf und ab, um ihre Gegner zu beeindrucken, und machten ein paar Dehnübungen, wie sie es im Sportunterricht gelernt hatten.
Danach ging es los. Und gleichzeitig auch ganz schön zur Sache.
Die Koch-Schüler legten eine totale Power an den Tag. Stefan wusste gar nicht, wo er zuerst spielen sollte. Mittelfeld, Abwehr, Sturm, Linksaußen, Rechtsaußen. Er rannte und versuchte, überall gleichzeitig zu sein.
Aber er war gut. Tierisch gut sogar.
Da, 1:0 für die Heide-Schüler.
Ahmet und Torben rannten auf Stefan zu und drückten ihn. Said sprang auf ihn drauf.
Es dauerte eine Weile, bis sie sich wieder

beruhigt und voneinander gelöst hatten.
„Vorsicht!“, schrie Steffi, denn jetzt rannte dieser Dicke von der Koch-Schule schon wieder mit dem Ball auf das Tor zu. Wie gut, dass er ein bisschen langsam war. Said hatte ihn im Nu eingeholt und schoss den Ball zu Ahmet rüber. Ahmet auf Jens, Jens auf Stefan. Tor! 2 : 0.
Wieder lagen sich alle in den Armen.
„Stefan, dein Handy hat gepiepst“, rief Steffi ihm zu und zeigte auf seine Trainingsjacke, die er am Spielfeldrand ausgezogen hatte.
„Ja, genau, Stefan. Guck mal auf dein Handy“, wiederholte einer von der Robert-Koch-Schule und dribbelte Stefan dabei den Ball vom Fuß. Aber das machte der nur einmal! Stefan rannte neben ihm her und holte sich den Ball wieder. Ein Schuss zu Nico, Nico auf Torben. Tor!
Mannohmann, was waren sie in Form. Zur Halbzeit stand es 5:1. Sie konnten schon jetzt ihren Sieg feiern.
Stefan ging zu seiner Trainingsjacke, nahm eine Flasche Wasser heraus, trank und goss den Rest des Wassers über seinen Kopf. Dann zog er sein Handy aus der Tasche.

Nachricht von Paul.
„Komm schnell nach Hause. Felix ist verunglückt."
Felix? Verunglückt? Das konnte doch nicht wahr sein! Stefan stand einen Moment starr vor Entsetzen und konnte den Blick nicht von seinem Display abwenden.
„Okay, Jungs, es geht weiter", sagte Ahmet und pfiff auf den Fingern. Die Gruppe stellte sich auf.
„Leute", sagte Stefan. „Tut mir echt leid. Ich muss nach Hause. Bei uns ist was passiert."
Und ehe irgendjemand ihn davon abhalten konnte, sprang er auf sein Fahrrad und raste nach Hause.

Als er zu Hause eintraf, war seine Mutter schon von der Arbeit gekommen.
„Wo warst du?", fragte sie ihn wütend, als er zur Tür hereinkam.
Stefan wischte sich den Schweiß von der Stirn.
„Was ist mit Felix?", fragte er ängstlich.
Nun erschien auch Paul auf dem Flur.

Er winkte ab.
„Nicht so schlimm. Mit dem Rad vor die Wand gefahren. Musste genäht werden."
„Wo du warst, will ich wissen!", fuhr ihn die Mutter an und ging drohend auf ihn zu.
„Fußball spielen. Nur heute."
„Fußball spielen? Kann ich mich jetzt überhaupt nicht mehr auf dich verlassen? Machst du nur noch, was du willst?"
„Mensch Mama", mischte sich jetzt Paul ein. „Wir hatten das so verabredet. Er kann ja jetzt auch nicht ewig zu Hause hängen. Ich habe heute aufgepasst, Stefan macht morgen. Und dass Felix gegen die Wand fährt, wäre auch passiert, wenn Stefan hier gewesen wäre."
„Ich will mich verdammt noch mal auf euch verlassen können", schrie die Mutter. „Wenn ihr sagt, ihr passt auf die Kleinen auf, dann müsst ihr das auch machen."
Wir haben nie gesagt, dass wir auf die Kleinen aufpassen, dachte Stefan. Aber er sagte es nicht.
Eine Stunde später piepste sein Handy. Said. Sie hatten 5:7 verloren.

5.

Nachdem Stefan am nächsten Morgen Katharina in den Kindergarten gebracht hatte, fühlte er sich unwohl. Seine Beine wurden schwerer, je näher er der Schule kam. Da hinten standen Said und die anderen am Tor und warteten auf ihn. Bestimmt nicht, um ihn mit Freundlichkeiten zu überschütten.
Vor dem Zeitungskiosk blieb Stefan stehen und drehte am Zeitungsständer. Ob er genug Geld für den neuen Gamestar dabei hatte? Er kramte in seinem Portmonnee und zählte: 2 Euro 14, das reichte hinten und vorne nicht.
„Ein Päckchen Marlboro und 'ne Tüte Chips", hörte er plötzlich eine Stimme hinter sich.
Stefan machte Platz, damit das Mädchen besser an den Kiosk herankam.
„Bist du schon 16?", fragte der Kioskbesitzer.
„Klar."
Nie im Leben, dachte Stefan. Die Kleine sah allenfalls aus wie 14. Auch wenn sie sich die Augen geschminkt hatte.
Der Kioskbesitzer murmelte etwas von Ausweis und sie zog einen Schülerausweis aus der Tasche.

„Na gut“, winkte der Kioskbesitzer ab und reichte ihr die Schachtel.
Das Mädchen riss sie sofort auf und schob sich eine Zigarette zwischen die Lippen.
Dann betrachtete sie Stefan genauer.
„Reicht es nicht?“, fragte sie.
„Nee.“ Stefan fühlte sich unangenehm beobachtet.
„Soll ich dir was leihen?“
„Nö, lass gut sein. Ist nicht so wichtig.“
Stefan klemmte seine Mappe unter den Arm, aber irgendetwas hielt ihn davon ab, weiterzugehen.
„Willste auch eine?“
„Warum nicht.“
Sie hielt ihm die Schachtel hin. Er nahm sich eine Zigarette. Das Feuerzeug funktionierte bei dem Wind nicht. Sie gingen ein paar Schritte weiter und entfernten sich dabei von der Schule. Schließlich hielt die Flamme trotz Wind.
„Gute Fälschung mit dem Schülerausweis“, sagte Stefan und inhalierte tief.
Das Mädchen grinste. „Nicht, wenn man einen Typen bei der SV kennt.“
Sie standen nun nebeneinander und rauchten.

„Musst du nicht zur Schule?“, fragte Stefan. Das Mädchen hatte keine Schultasche dabei. Nur einen kleinen Rucksack, der nicht nach Schule aussah.
„Heute nicht“, sagte sie cool. „Unsere Lehrer sind krank.“
„Aha.“ Stefan grinste. „Die Grippe, ne? Die geht bei unseren Lehrern auch rum.“
Sie rauchten weiter. Stefan hatte noch nicht so oft eine Zigarette geraucht. Eigentlich war das nicht sein Ding. Er war Sportler und vom Rauchen bekam man schnell eine schlechte Kondition. Aber er wollte das jetzt nicht groß erklären. Das hätte nur so ausgesehen, als würde er sich nicht trauen.
„Gehst du heute auch nicht hin?“, fragte sie.
„Ich weiß noch nicht.“
Stefan dachte an die Englischarbeit und den Ärger mit den Freunden. Er dachte an die Doppelstunde Chemie, in der er immer kein Wort kapierte und an diese unendliche Geschichtsstunde, bei der der Lehrer schneller eingeschlafen war als die Schüler.
„Wo gehst du denn hin?“
„In die Stadt. Durch die Kaufhäuser. Und dann vielleicht zum Bahnhof.“

„Okay. Ich komme mit."
Stefan warf seine Kippe auf den Boden und zertrat sie.
„Kostet 25 Euro Strafe", sagte das Mädchen, hob sie auf und warf sie in den Papierkorb. „Lass es besser. Wenn du noch nicht mal Geld für 'ne Zeitung hast."
Stefan konnte nur nicken. Dann ging er neben ihr langsam in Richtung Haltestelle. Sie stiegen in die 78, die Straßenbahn Richtung Innenstadt. Sie war leer um diese Zeit.
Stefan setzte sich nach hinten auf einen Zweiersitz. Das Mädchen neben ihn.
„Wie heißt du eigentlich?"
„Larissa. Larissa Baumann. Und du?"
„Stefan."
Sie fuhren die Schweizer Straße entlang. Durchquerten den Kreisverkehr.
Die Sonne schien erstaunlich warm für April. Stefan spürte ihr Bein neben seinem. War irgendwie kein unangenehmes Gefühl.
Der kleine Rucksack sah nach Wanderrucksack mit Thermoskanne, frischen Socken und Zahnpasta aus. Ob sie abgehauen war?
„Achtung!", zischte sie plötzlich. „Los! Raus!"

Die Straßenbahn hielt. Sie öffnete die Tür und sprang mit einem Satz ins Freie. Stefan hinterher. Obwohl – wo waren sie denn eigentlich? Sie wollten doch in die Innenstadt.
„Ich denke, wir wollten …"
„Wollen wir doch auch."
„Aber warum …?"
„Oh Mensch, Typ, kapierst du denn gar nichts?"
Sie schien jetzt richtig sauer zu sein. Stefan war ganz durcheinander. Was war das für ein Mädchen, bei dem man noch nicht einmal seine Gedanken zu Ende bringen konnte, weil sie schon wusste, was er sagen wollte.
„Nee. Ich kapier gar nichts", sagte er.
Sie zog ihn ein Stück die Straße entlang. Die Straßenbahn fuhr weiter.
„Hast du den Typen nicht gesehen?"
„Welchen Typ?"
„Den mit den Rastazöpfen."
„Was ist mit dem?"
„Das ist 'n Kontrolleur."
„Quatsch." Stefan starrte der Straßenbahn nach. „Wie kommst du denn da drauf?"
Stefan wusste auch, dass Kontrolleure schon lange nicht mehr in blauer Uniform

durch die Gegend liefen. Aber dass sie jetzt mit Rastazöpfen ankamen, war mehr als unwahrscheinlich.
Aber Larissa wusste es besser.
„Ich kenne alle Kontrolleure im ganzen Umkreis. Und der hier ist ganz besonders scharf. Der lässt echt keine Ausrede durchgehen. Auch wenn du noch so gut bist."
„Wahnsinn."
Sie gingen nebeneinander her.
„Lass uns zu Fuß in die Stadt gehen", schlug Stefan vor, obwohl er eigentlich eine Monatskarte hatte. „Wir haben ja den ganzen Vormittag Zeit."
„Und den Nachmittag auch, wenn du willst."
„Ich weiß nicht." Stefan dachte an Katharina. Jetzt, als diese Larissa neben ihm ging, hatte er die Gelegenheit, sie genauer anzusehen. Sie war ein bisschen unterentwickelt. Na, vierzehn eben, hatte aber eine tolle Figur, abgewetzte Jeans und einen schwarzen Anorak, lange, dunkelblonde Haare, grüne Augen. Irgendwie sah sie cool aus.
Und auch wenn sie sicher jünger und auch kleiner als Stefan war, schien sie doch schon ganz schön Bescheid zu wissen.

„Bist du oft morgens unterwegs?“, fragte Stefan nach einer Weile.
Larissa antwortete nicht.
„Bist du abgehauen von zu Hause?“
Jetzt gab Larissa ein leises Schnauben von sich.
„Bist du vom Jugendamt oder was?“, fragte sie dann patzig.
Stefan verzichtete auf weitere Fragen.
Sie überquerten die Brücke zum Bahnhof und kamen auf dem Bahnhofsvorplatz an.
„Ach, da hinten sind ja Viktor und Chris.“
Larissa ging auf zwei Jungen zu, die auf der Mitte des Platzes Skateboard fuhren.
„Hi, Chris. Hi, Vik. Wie geht's?“
Der eine ließ sich nicht stören. Fuhr weiter seine Kreise. Der andere kam auf Larissa zu.
„Hast du mal was zu rauchen?“
„Nur Zigaretten.“
„Okay. Reicht fürs Erste.“
„Was die wohl sonst rauchen“, dachte Stefan irritiert und musterte den Jungen aufmerksam.
Er war blass, hatte ziemlich unreine Haut und strähnige Haare. Aber er sah nett aus.
Sie rauchten zu dritt. Redeten über das Wetter und über verschiedene andere

Jugendliche, die offensichtlich auch oft am Bahnhof zu finden waren. Nun klemmte sich auch dieser Viktor sein Skateboard unter den Arm und kam zu ihnen hinüber.

„Hi. Ich wollte euch warnen. Da hinten an der Brücke sind schon wieder zwei vom Jugendamt.“

Larissa und Stefan blinzelten in die Richtung, die Viktor ihnen gezeigt hatte.

„Ach, der Dicke und der Kleine da, ne? Ja, die kenne ich auch. Der Dicke heißt Schulze.“

„Was wollen die denn hier?“, fragte Stefan verunsichert.

„Denen ist es langweilig in ihrem Büro. Die laufen lieber durch die Stadt und fragen Jugendliche, warum sie nicht zur Schule gehen.“

„Das ist ja nicht so angenehm“, stellte Stefan unbehaglich fest.

Larissa zog ihn am Ärmel.

„Komm, gehen wir.“

„Hast du Angst vor denen?“

„Quatsch. Der Dicke ist sogar echt nett.
Der fragt eben nur ein bisschen viel.
Und das kann ich nicht ab.“

„Die muss ja in ihrem Leben schon ’ne Menge angestellt haben“, dachte Stefan.

Gemeinsam gingen sie über den Bahnhof. Studierten die An- und Abfahrtzeiten der Züge, schauten in die Auslagen der Bahnhofsbäckerei und drehten am Zeitungsständer des Kioskes.
„Achtung, auf Gleis zwei hat Einfahrt der Intercity nach Basel über Kassel, Frankfurt, Mannheim. Achtung bei der Einfahrt des Zuges."
Jetzt fasste Larissa an den Ärmel seiner Jacke.
„Komm, wir gehen mal zu Gleis zwei. Ich gucke so gerne, wie die Leute ankommen."
Sie flitzten nun die Treppe hinauf. Und irgendwie hatte Stefan Larissa jetzt an der Hand. War zwar ein komisches Gefühl. Wäre aber auch komisch, wenn er sie einfach wieder losgelassen hätte.
Hand in Hand standen sie nun am Gleis und sahen zu, wie der Zug einlief. Er hielt zischend an. Die Türen wurden aufgestoßen. Menschen stiegen aus dem Zug, andere warteten neben den Türen, bis sie einsteigen konnten.
„Michael, Jan, Nele!", hörten sie nun eine Stimme. Dann rannte eine Frau über den

Bahnsteig auf einen Mann zu, der mit zwei kleinen Kindern am Bahnsteig stand.
Sie drückte die Kinder nacheinander und wirbelte sie herum. Dann bekam der Mann einen langen, innigen Kuss.
Larissa lachte.
„Es ist toll, wenn die Leute sich freuen. Und wenn sie sich so küssen und drücken, weil sie sich schon so lange nicht gesehen haben."
„Mein Vater ist auch lange weg. Und wenn er dann wiederkommt, ist auch immer so 'ne große Freude." Er schwieg und dachte nach.
Larissa betrachtete ihn aus den Augenwinkeln.
„Scheint aber trotzdem nicht so toll zu sein", sagte sie dann.
„Dauert jedenfalls nicht lange an", antwortete Stefan.
Sie setzten sich auf eine Bank in der Sonne an den Gleisen. Und irgendwie war es kein großer Akt, dass Stefan dabei seinen Arm um Larissas Schulter legte.
Okay, irgendwie ging alles mit ihnen ein bisschen schnell. Sie kannten sich ja gerade mal zwei Stunden.

Und trotzdem waren sie einander ziemlich vertraut.
„Ich habe heute nicht so lange Zeit“, sagte Stefan schließlich mit Blick auf die Bahnhofsuhr. „Nur bis ein Uhr. Dann muss ich meine kleine Schwester vom Kindergarten abholen.“
Lachte sie darüber? Stefan schielte zu Larissa. Nein, sie hatte ihr Gesicht der Sonne zugewandt und die grünen Augen geschlossen.
„Kommst du morgen wieder?“, fragte sie.
„Natürlich“, sagte Stefan.

6.

Der Nachmittag war anstrengend wie immer. Als Stefan am Kindergarten ankam, sah ihn die Erzieherin verärgert an.
„Wenn Katharina in die Tagesstättengruppe gehen soll, muss deine Mutter sie ummelden“, sagte sie genervt. „Dann bekommt sie Mittagessen und kann bis fünf Uhr bleiben. Aber wenn sie in der Morgengruppe ist, musst du sie um zwei Uhr abgeholt haben.“
„Ich weiß“, sagte Stefan und warf einen Blick auf die Uhr. Es war kurz vor halb drei.
Katharina saß allein in einem Gruppenraum und spielte mit den Puppen. Das machte sie sehr gerne.
„Komm, Kathi, schnell, ich bin heute spät dran“, rief Stefan und packte seine Schwester am Arm.
Katharina sträubte sich, wollte dem Teddy noch ein Küsschen geben und die eine Puppe noch ins Bett bringen. Aber Stefan ließ das nicht mehr zu.
Zu Hause war Paul sauer auf ihn, weil die Pizzabaguettes schwarz geworden waren.
„Kannst du nicht pünktlich kommen“, motzte er.

„Glaubst du, mir macht das Spaß, hier für euch zu kochen?“
Stefan verzog sich an den Computer und knallte die Tür hinter sich zu. Sie konnten ihn alle mal.
Er ballerte auf seine Gegner und stellte sich dabei vor, dass er Larissa auf die Art und Weise das Leben retten würde.
Gegen sechs kam die Mutter.
„Himmel, wie sieht es denn hier aus!“, rief sie entsetzt. „Und wie das hier stinkt. Habt ihr was anbrennen lassen?“
Sie riss ein Fenster auf.
„Mama, tut mir leid, ich muss noch mal weg“, sagte Stefan. „Wir müssen noch ein Referat vorbereiten. Für Geschichte.“
„Na gut. Aber komm nicht zu spät.“
„Und ich krieg auch noch Taschengeld. Für April.“
„Geld. Ich hör immer nur Geld“, fauchte die Mutter. „Na, nimm dir!“
Sie hielt Stefan das Portmonnee hin.
Er nahm sich 20 Euro und verschwand.

Die Fahrt zum Bahnhof kam ihm unendlich vor. Ob Larissa wohl noch da war? Wie doof, dass er sie nicht nach ihrer Handynummer gefragt hatte.
Ah, da war ja noch immer dieser Viktor. Jetzt fuhr er mit einer Gruppe von Profis über den Platz. Stefan ging zu ihm.
„Viktor. Hi. Weißt du, wo Larissa ist?“
„Larissa?“ Viktor fuhr eine scharfe Kurve auf ihn zu, bremste ab und kam genau vor ihm zum Halten. „Keine Ahnung. Hier ist sie nicht mehr.“
Er drehte sich zu den anderen um. „He, Leute, habt ihr Larissa gesehen?“
„Ich glaube, die hat sich schon ein Plätzchen gesucht“, rief jetzt eine Dunkelhaarige. Sie kam auf Stefan zu. „Was willst du denn von der?“
„Nix. Mir ihr quatschen.“ Stefan musste die ganze Zeit über auf ihr Lippenpiercing starren. Das hatte doch bestimmt tierisch wehgetan.
„Also, wenn du es genau wissen willst, sie ist manchmal in diesem Bauwagen in dem Schuppen am Ende der Gleise, noch hinter den Weichen.“

„Und was macht sie da?", hätte Stefan am liebsten gefragt, aber das ließ er dann doch lieber. Die anderen hätten ihn wahrscheinlich nur blöde angestarrt.
„Kannst du mal die ungefähre Richtung zeigen?"
Die Dunkelhaarige zeigte die Schienen entlang Richtung Westen.
„Musst aber lange laufen. Und lass dich nicht erwischen. Die Bahnhofspolizei mag Leute nicht, die die Schienen entlanglaufen."
Das ließ sich Stefan nicht zweimal sagen. Als er die Bahngleise so weit entlanggegangen war, dass es nicht mehr weiterging, lief er über das Gras, dann hinter der Buschreihe entlang immer parallel zu den Schienen. Nach der zweiten Kurve sah er einen kleinen Bauwagen an den Schienen stehen. Ob das Mädchen den gemeint hatte? Stefans Herz klopfte laut. Er war sich plötzlich sehr unsicher, ob Larissa es gut finden würde, wenn er hier einfach so auftauchte.
„Larissa!" Er klopfte an die Tür. „Ich bin's, Stefan."
Die Tür öffnete sich und Larissa stand vor ihm.
„Was machst du denn hier?"

„Wollte ich dich auch gerade fragen."
Die Decke und der Schlafsack auf dem Boden, die Thermoskanne und die Brotdose auf der Kiste sprachen eine eindeutige Sprache. Larissa war abgehauen.
Stefan setzte sich zu ihr an den Schlafsack.
„Warum bist du abgehauen?", fragte er.
Larissa kroch in den Schlafsack und starrte an die Decke.
„Den Stress, den ich zu Hause habe, kann ich auf vier Familien aufteilen, und jede hätte noch genug für sich allein", sagte sie.
Die Arme unter dem Kopf erzählte sie dann: Von ihrem Stiefvater, der nur Zoff machte, von der Mutter, die sich schlagen ließ, den kleinen Geschwistern, die immer heulten, und dem großen Bruder, der anfing, um sich zu schlagen.
„Da bin ich lieber hier für mich allein und habe meine Ruhe", sagte sie.
„Und wovon lebst du?", wollte Stefan wissen.
„Wer versorgt dich?"
„Wir von der Straße halten zusammen", sagte Larissa. „Wenn der eine was hat, gibt er dem anderen was ab. Schon ganz in Ordnung. Mach dir keine Sorgen."

Trotzdem fiel es Stefan nach einer Stunde schwer, zu gehen.
Wie würde Larissa hier alleine klarkommen? Nachts wurde es doch ziemlich kalt. Außerdem war es dunkel und der Bauwagen lag abseits der Wohngegend. Eigentlich war das verdammt gefährlich.
Vielleicht sollte er besser bei ihr bleiben und sie beschützen.
Aber dann würde es natürlich einen Mordsärger geben. Und seine Mutter hätte sicher auch große Angst um ihn.
Plötzlich schob sich Larissas schmale, kalte Hand in seine.
„Stefan“, sagte sie. „Mach dir keine Sorgen um mich. Ich komme klar. Ich bin immer klargekommen.“
„Ich weiß nicht.“
Stefan war unglücklich.
„Es reicht, wenn du hin und wieder vorbeikommst. Wirklich.“
Stefan seufzte. Dann stand er auf. Sie hatte Recht. Er musste gehen. Wenn er sie wieder sehen wollte, durfte er auf keinen Fall Ärger mit seiner Mutter bekommen.
„Warte morgen am Bahnhof auf mich, ja?

Dann bring ich dir was zu essen von zu Hause mit“, sagte er.
„Danke.“ Sie gab ihm zum Abschied einen Kuss auf die Wange. Das reichte, um Stefan überglücklich zu machen.

Die nächsten vier Tage vergingen mit Broteschmieren, Kaffeekochen und Fahrten zu Larissa. Sie wartete immer schon auf ihn. Zusammen frühstückten sie, bummelten durch die Fußgängerzone, saßen im Park auf der Bank, alberten auf dem Spielplatz herum. Und dann irgendwann, als sie wieder zusammengekuschelt auf der Bank an den Gleisen saßen, wagte es Stefan und küsste sie. War irgendwie gar nicht schwer. Auch wenn er ziemlich aufgeregt war. Wie würde Larissa wohl reagieren?
Larissa hielt still. Dann küsste sie zurück. Und knabberte an seinem Ohrläppchen.
„Hab dich lieb“, flüsterte sie.

Als Stefan eines abends von Larissa nach Hause kam, wartete seine Mutter auf ihn.
„Wo kommst du her?“, fragte sie lauernd.
Stefan spürte sofort, dass etwas nicht in Ordnung war.
„Ich war bei Said. Wir haben Computer gespielt.“
Die Mutter stand vom Küchenstuhl auf und ging auf ihn zu. Drohend.
„Wo du gewesen bist, will ich wissen!“
„Mama, wir haben wirklich Computer gespielt. Du kannst Said anrufen. Echt.“
Er pokerte.
„Frau Lempert hat angerufen“, sagte die Mutter jetzt.
Frau Lempert. Moment mal. Stefan musste sich für einen Augenblick sammeln. Was hatte die Klassenlehrerin denn jetzt mit der Sache zu tun.
„Du gehst seit fast einer Woche nicht mehr in die Schule.“
„Ach so. Das ist, weil …“ Stefan ahnte, dass es jetzt nicht viel Zweck hatte, zu lügen.
„Mir ging es in letzter Zeit nicht so gut und …“
„Lüg mich nicht immer an!“ Die Mutter schrie fast.

„Tu ich auch nicht. Es ist …“ Sie ließ jetzt keine Ausrede mehr gelten. Das konnte er ihr ansehen. „Na gut, ich sag es dir. Es ist, weil ich ’ne schlechte Englischarbeit geschrieben habe. Und überhaupt, ich komme nicht so gut klar in der Schule. Und zu Hause wird mir auch alles zu viel. Ich kann nicht mehr weg. Muss immer hier sein. Die anderen ärgern mich, weil ich nicht zum Fußball komme. Das ist alles zu viel, verstehst du?“

Das meiste war gesagt. Stefan wusste, dass seine Mutter das glauben würde. Sie hatte ja sowieso immer schon ein schlechtes Gewissen gehabt.

Hauptsache, sie erfuhr die Sache mit Larissa nicht. Sonst wäre da sofort Schluss.

Die Mutter schniefte.

„Warum hast du das denn nicht gleich gesagt. Wir hätten doch eine Lösung gefunden. Mensch, Stefan!“ Sie ging jetzt auf ihn zu. „Das darfst du nicht wieder machen. Du musst doch zur Schule gehen. Wenn du erst mal anfängst, zu fehlen, unentschuldigt zu fehlen, kriegst du doch mit so einem Zeugnis nie eine Lehrstelle.“

Er wollte das nicht hören.

Vor allem deswegen nicht, weil er wusste, dass er doch wieder schwänzen würde. Wegen Larissa. Er musste doch bei ihr sein.
Die Mutter nahm nun seine Hand.
„Versprich mir, dass du das nie wieder machst."
„Nein, wirklich nicht."
Es war ein blödes Gefühl, so lügen zu müssen.
„Und morgen gehen wir zu Frau Lempert."
„Waaas?" Stefan sprang jetzt fast vom Stuhl auf.
„Ja. Ich habe mir für morgen frei genommen. Wir gehen zu ihr und reden über alles."
„Bitte, Mama, ich will das nicht. Bitte. Ich verspreche dir auch, jetzt immer in die Schule zu gehen."
„Das hast du mir doch gerade schon versprochen. Oder war das wieder nicht ernst gemeint?"
Ihre Augen funkelten. „Stefan, wenn du noch einmal schwänzt, hast du für immer Hausarrest. Und dann bringe ich dich jeden Tag mit dem Auto zur Schule."
Das waren ja schöne Aussichten.
„Kann sie ja gar nicht kontrollieren",

dachte Stefan sofort. „Sie muss ja den ganzen Tag arbeiten."
Aber irgendwie war er doch beunruhigt.
Der Gedanke, morgens in dieser tödlich langweiligen Schule zu sitzen, war so schrecklich, dass Stefan ihn sofort zur Seite schob. Englisch, Chemie, Geschichte, Fußball, das alles war lächerlich langweilig gegen das, was er jetzt erlebte. Larissa war seine Traumfrau und er war nur wirklich glücklich, wenn er mit ihr zusammen sein konnte.
Und was waren diese kindischen Fußballfreunde wie Said und Torben schon gegen die Abenteuer, die er jetzt erlebte. Am Bahnhof zu sitzen und Kuchen zu essen, mit Larissa eine Zigarette zu rauchen, vor den Typen vom Jugendamt zu flüchten, mit der Straßenbahn durch die Gegend zu fahren und in der Abenddämmerung im Bauwagen zu sitzen.
Dagegen kam selbst Counter Strike nicht an.

7.

Das Gespräch mit Frau Lempert schien ewig zu dauern. Nun gut, sie gab sich Mühe, das musste Stefan zugeben. Sie fragte genau nach seinen Schwierigkeiten in der Schule, holte dann Herrn Wagner, den Englischlehrer dazu, der von der schlechten Englischarbeit erzählte. Dann bekam Stefan sein Heft zurück. Er schaute gar nicht rein. War ja klar, dass er eine Fünf hatte.
Sie redeten über die Probleme mit der Klasse und Frau Lempert versprach, in der Verfügungsstunde mit Stefans Fußballkollegen über den Streit zu reden.
Und zuletzt besprach sie auch noch mit Stefans Mutter die Sache mit der Hausarbeit. Überforderung nannte sie das. Gemeinsam mit Stefans Mutter überlegte sie, was man anders machen konnte. Ob sie nicht Katharina in der Tagesstätte unterbringen könnte. Und Felix in die Hausaufgabenbetreuung schicken könnte. Dann versuchte sie noch, jemanden zu organisieren, der Stefan günstig Nachhilfe geben würde.

Stefan blickte auf die Uhr an der Wand des Sprechzimmers. Unaufhörlich kletterten die Zeiger weiter. Gleich war schon eine Stunde um. Larissa wartete bestimmt schon auf ihn. Wahrscheinlich hatte sie den Bauwagen verlassen. Um die Zeit musste sie immer schon weg sein. Sonst kamen die Arbeiter, um ihre Geräte zu holen. Larissa versteckte dann ihre Decke und den Schlafsack und ging los. Dann trieb sie sich auf dem Bahnhofsplatz rum und wartete auf ihn. Wenn sie wenigstens ein Handy hätte. Dann könnte er ihr sagen, dass alles etwas länger dauerte.

„So, ich glaube, wir haben jetzt alles besprochen", sagte Frau Lempert schließlich. „Ich muss jetzt auch in den Unterricht."

Frau Seidt nickte erleichtert. „Sie haben uns sehr geholfen, Frau Lempert. Danke schön, dass Sie sich die Zeit genommen haben. Ich glaube", sie sah Stefan lächelnd an, „es geht uns beiden jetzt viel besser."

Stefan nickte.

„Hoffentlich kann ich gleich weg", dachte er.

„Ich bringe dich noch in deine Klasse und sage der Lehrerin Bescheid", sagte die Mutter.

„Oh nein“, erwiderte Stefan und war echt kurz vor der Panik. „Das mache ich schon allein.“
„Ich komme doch besser mit.“ Seine Mutter ließ sich nicht abwimmeln. „Dann lerne ich deine Geschichtslehrerin auch mal kennen.“
Ob sie etwas ahnte? Frauen konnten irgendwie immer Gedanken lesen.
Stefan wusste, dass es jetzt nur verdächtig wirken würde, wenn er sie abwimmelte.
An der Klassentür drehte sich seine Mutter zu ihm um.
„Heute hole ich Kathi vom Kindergarten ab“, sagte sie. „Und ich koche auch was Schönes für euch.“
Stefan nickte und lächelte verzweifelt. Er war jetzt richtig traurig, dass er sie so anlügen musste. Aber es ging nicht anders. Er musste sich ja auch um Larissa kümmern.
Außerdem würde das Leben auf Dauer doch nicht besser werden. Eben gerade nur mal heute. Morgen musste er sich wieder mit der Schule rumplagen, die Hausaufgaben, der ganze Englischquatsch, den er nicht kapierte, die Freunde. Der ganze Stress würde wieder von vorne losgehen.
Die Mutter klopfte an die Klassentür.

Frau Schulz öffnete die Tür und sah sie erstaunt an.
„Seidt ist mein Name“, sagte seine Mutter freundlich und reichte Frau Schulz die Hand. „Entschuldigung, dass der Stefan zu spät ist. Wir hatten noch eine Besprechung mit Frau Lempert.“
„Ist gut“, erwiderte Frau Schulz freundlich und klopfte Stefan auf die Schulter. „Dann komm mal rein. Wir sind mitten im Ersten Weltkrieg.“
„So fühle ich mich auch gerade“, antwortete Stefan und lachte.
Er setzte sich auf seinen Platz. Said grinste. „Na, Alter, auch mal wieder da? Es ist nicht besser geworden hier.“
„Hab ich mir schon gedacht“, brummte Stefan.
Als es klingelte, sprang er schnell auf und griff seine Tasche. Dann stürzte er zur Tür.
„Stefan?“ Das war Frau Schulz.
„Wieso nimmst du denn deine Tasche mit? Wir haben doch große Pause.“
Stefan war verwirrt. Ahnte die Lehrerin etwas? Er suchte nach einer Erklärung.
„Wir haben gleich Physik“, rief Said. „Darum.“

„Ach so."
„Danke, Said", dachte Stefan.
Said grinste ihm zu.
Stefan bewegte sich unauffällig über den Schulhof. Als er am Tor angekommen war, sah er nach links und rechts und rannte davon.
An der Haltestelle holten ihn die Schuldgefühle wieder ein. Es war nicht richtig, wegzulaufen. Er machte seiner Mutter das Leben so richtig zur Hölle. Wenn sie wüsste, dass er hier stand, wäre sie verzweifelt.
Andererseits konnte er ihr die Wahrheit auf Dauer nicht ersparen. Er wollte nicht mehr zur Schule und nicht mehr nach Hause.
Er gehörte zu Larissa. Und sie zu ihm.
Die Straßenbahn kam sofort. Der Schaffner wusste wohl, dass er es eilig hatte.
Er zeigte seine Monatskarte und stieg ein.
Als er am Bahnhof angekommen war, sah er Larissa schon von Weitem. Sie hatte ihr schwarzes T-Shirt, das große blaue Sweatshirt und die breite Khakihose mit den dicken Taschen an. Ihre langen Haare waren heute mit einem Gummi zu einem Zopf zusammengebunden.

Unaufhörlich starrte sie auf die Straßenbahnen, die einfuhren. Als sie ihn sah, lachte sie und rannte auf die Haltestelle zu. „Endlich." Sie küsste ihn. „Ich dachte schon, du kommst nicht mehr."
„Das dachte ich auch!" Er drückte sie fest. „Hab einen riesigen Ärger gehabt."
Larissa kuschelte sich an ihn. „Mannohmann, hatte ich Angst. Ich dachte ..."
„He, hör mal, wenn ich mal nicht komme, musst du keine Angst haben. Aber ich lebe eben mit Eltern zusammen, und das ist immer schwierig. Und dann habe ich auch noch Lehrer um mich herum, und das ist noch mal schwieriger."
„Keine Eltern zu haben, ist auch nicht einfach", sagte Larissa schlicht.
Sie hatte Recht. Es war schlimmer, niemanden zu haben, der sich aufregte, wenn man nicht nach Hause kam.
Wie lange hing Larissa jetzt schon am Bahnhof herum? Und warum kümmerte es ihre Eltern nicht? Das war wirklich tausendmal furchtbarer als eine Mutter, die einen zur Schule brachte.
„Ich hab mein Taschengeld dabei", sagte

Stefan. „Davon hole ich uns erst mal ein dickes Stück Kuchen und einen Cappuccino."
Der Bahnhofskiosk war schweineteuer, aber das war das Wiedersehen wert.
Sie saßen zusammen auf der kleinen Mauer hinter dem Bahnhof und futterten den Kuchen.
„Ach übrigens, ich habe meine Englischarbeit wieder", erzählte Stefan. Er kramte in seiner Schultasche und zog sein Heft heraus.
Dann blätterte er darin. Larissa schaute ihm zu.
„Vier minus. Ich werd verrückt."
„Gar nicht schlecht."
„Was heißt gar nicht schlecht. Ich bin genial. Genial, verstehst du? Guck mal hier, Present perfect. Für die Aufgabe hab ich satte 7 Punkte gekriegt. Nicht übel, was?"
Er blätterte die Arbeit durch.
„So schlecht bin ich gar nicht. Ich habe immer so eine schlechte Meinung von mir."
„Du solltest weiter zur Schule gehen", sagte Larissa plötzlich.
„Okay, okay, mach ich ja. Aber nicht heute. Heute unternehme ich was mit dir."
„Achtung, am Gleis sieben fährt ein, Intercity-express nach Basel, über Frankfurt, Mann-

heim, Freiburg. Bitte Vorsicht bei der Einfahrt des Zuges."
„Basel? Wo liegt das?", fragte Larissa.
„In der Schweiz."
„Bist du schon mal in der Schweiz gewesen?"
„Nö. Wir verreisen doch nie. Kein Geld. Nur einmal – früher – waren wir an der Nordsee. Aber mein Vater fährt viel in der Gegend herum. Der war schon oft in der Schweiz."
„Ich würde da auch gerne mal hin. Weißt du, als Kind hab ich immer Heidi geguckt."
„Heidi, Heidi, deine Welt sind die Berge …", schmetterte Stefan und stand auf. Dann nahm er Larissas Hand.
„Komm", sagte er, „bevor der Zug abfährt."
„Meinst du?"
„Klar." Stefan rannte jetzt los. Larissa neben ihm her. In den Bahnhof rein und die Treppen zu den Gleisen rauf. Der Zug nach Basel stand noch da.
„Warte mal!", rief sie. „Wir können doch nicht ..."
Sie standen jetzt zwischen den einsteigenden Menschen in einer Traube.
„Komm!" Er schob sie in den Wagen.

8.

Er hatte nicht gewusst, dass es hier so vornehm war.
Überhaupt, was hatte er sich dabei gedacht, abzuhauen. So ganz spontan. Solche Sachen sollte man sich in Ruhe überlegen, sollte sie planen und dann herausfinden, welcher Zug sich zum Abhauen überhaupt eignet.
Dieser IC schien jedenfalls eine Nummer zu groß zu sein. Die Leute drängten sich auf die Plätze. Stefan setzte sich auf einen freien Platz, Larissa hockte sich neben ihn.
Der Zug fuhr an. „Entschuldigung."
Ein Mann beugte sich zu Stefan.
„Der Kontrolleur", schoss es Stefan durch den Kopf und er schnappte erschrocken nach Luft. Da waren sie ja nicht weit gekommen.
„Ich hatte diesen Platz reservieren lassen."
Er hielt ihm eine Karte unter die Nase und deutete auf ein Schild über Stefans Kopf.
„Hier. Platz 74 bis Basel."
„Reservieren. Ach so." Stefan hatte Mühe, seine Atmung zu kontrollieren.
„Klar. Kein Problem. Entschuldigung."

Er stand auf und machte seinen Platz frei. Larissa erhob sich ebenfalls. Sie gingen den Waggon hinunter. Die anderen sahen ihnen nach. Ob man ihnen ansah, dass sie Schwarzfahrer waren?

An diesem Tag war viel los. Die meisten Plätze waren besetzt.

Stefan und Larissa drängten sich hintereinander durch die engen Abteile. Stefan hatte das Gefühl, dass die Leute ihn anstarrten.

„Komm, wir legen unsere Jacken und den Rucksack in dieses Regal, dann sehen wir aus, als wenn wir schon länger im Zug sind“, flüsterte Larissa ihm zu.

Das war eine gute Idee. Sie zogen ihre Anoraks aus und legten sie zusammen mit den Rucksäcken in das untere Regal der Kofferaufbewahrung, die sich am Anfang des Abteils befand.

Dann stellten sie sich auf den Flur am Ende des Abteils und starrten nach draußen.

Stefan hatte ziemliches Herzklopfen. Er hatte das alles ein bisschen unterschätzt.

„Jemand noch zugestiegen?“, hörten sie nun die Stimme des Schaffners durchs Abteil dröhnen.

Himmel, war das stressig! Warum waren sie nicht Nahverkehr gefahren. Da gab es manchmal wochenlang keinen Schaffner. Was sollten sie jetzt bloß tun? Stefans Blick fiel auf die Klotür. Er machte eine kurze Kopfbewegung. Larissa verstand. Gemeinsam verschwanden sie auf der kleinen Toilette. Dass das eine blöde Idee war, merkte Stefan schon drei Minuten später. Denn natürlich waren Schaffner nicht von gestern. Sicher hatten sich schon Berge von Schwarzfahrern auf der Toilette versteckt.
Eine harte Hand klopfte gegen ihre Tür.
„Die Fahrkarten bitte."
Stefans Herz schlug bis zum Halse. Jetzt waren sie verloren.
„Ein Moment bitte", rief Larissa und machte Stefan ein Zeichen, hinter die Tür zu treten, damit er nicht gesehen wurde, wenn sie öffnete. Dann schloss sie auf.
Himmel, war sie wahnsinnig? Vor Stefans Augen tanzten kleine Punkte.
„Hallo", sagte Larissa jetzt und Stefan konnte erkennen, dass sie den Schaffner anlächelte.
„Hallo, noch zugestiegen?", fragte der Schaffner freundlich.

„Oh, ich bin mit der Jugendgruppe da hinten gefahren. Unser Gruppenleiter hat die Fahrkarten."
„Die Gruppe nach Frankfurt?"
„Genau."
„Dann weiß ich Bescheid."
Larissa verließ das WC. Waren sie wirklich so einfach davongekommen?
Stefan wartete eine Weile. Als er schließlich vorsichtig aus der Tür spähte, war der Schaffner verschwunden.
Larissa stand noch immer auf dem Flur und starrte aus dem Fenster. Stefan stellte sich in ihre Nähe, sprach sie aber nicht an.
„Komm, wir suchen die Gruppe mal", sagte Larissa leise.
Hintereinander bewegten sie sich langsam in die Richtung, aus der der Schaffner gekommen war.
„Im IC hat es nicht viel Sinn, auf dem Klo zu verschwinden", flüsterte Larissa ihm nun zu, als sie am Ende des Zuges angekommen waren. „Da hilft nur locker bleiben."
„Ganz schön dreist."
„Was heißt dreist? Klug! Hast du die Jugendgruppe da vorne nicht gesehen?"

„Nö."
Larissa ging weiter, bis sie im vorderen Abteil angekommen waren. Sie setzten sich zwischen die Jugendlichen auf zwei freie Plätze. Trotzdem blieb Stefan auf dem Sprung.
Die anderen Jugendlichen sahen ihn oft von der Seite an. Wahrscheinlich konnten sich viele denken, dass sie schwarzfuhren.
„Wann sind wir in Frankfurt?", rief jetzt ein Mädchen einem Mann zu, der hinter ihnen saß.
„Noch zwei Stunden."
„Dann werden wir auch in Frankfurt aussteigen", dachte Stefan. Er schielte zu Larissa hinüber. Sie nickte ihm zu. Toll, dass sie immer wusste, was er dachte.

Als der Zug in Frankfurt einlief, machten sie sich auf den Weg zu ihren Rucksäcken, warfen sie auf die Schulter und stellten sich zwischen die Reisenden, die an der Tür darauf warteten, dass der Zug hielt.
Er hielt leise und die Türen öffneten sich schwebend. War schon irgendwie cool.

Auf dem Bahnhof in Frankfurt war total viel los. Hand in Hand gingen Larissa und Stefan mit den Reisenden mit und ließen sich treiben. War schon was anderes als ihr kleiner Bahnhof zu Hause.
„Und jetzt?"
„Keine Ahnung. Eigentlich habe ich Hunger."
Sie suchten den Ausgang und gingen die Straße am Bahnhof entlang.
„Guck mal, da ist Mc Donald's. Wie viel Geld hast du noch?"
Stefan zählte sein Geld. 16 Euro waren von seinem Taschengeld übrig geblieben. Das reichte für zwei Hamburger und zwei Colas. Ab dann mussten sie ziemlich sparsam sein.
„Komm, ich lad dich ein."
Sie saßen an einem kleinen Tisch und ließen es sich schmecken. Wie sollte das weitergehen? Wovon sollten sie morgen leben? Hier einen Job zu finden, war unwahrscheinlich. Und klauen traute er sich nicht. Bescheuerte Idee, zusammen abzuhauen. Hatten sie ernsthaft gedacht, bis Basel zu kommen?
Andererseits, zu Hause war es auch übel. Die Schule, die Arbeit, der Stress mit den

Eltern. Und für Larissa schien alles noch schwerer zu sein.
Trotz alledem, die Hamburger schmeckten und die kalte Cola machte einen klaren Kopf. Nach dem Essen sah alles nicht mehr so schwarz aus. Vielleicht fanden sie ja einen Platz, wo sie bleiben konnten.
Plötzlich streckte Larissa ihre Hände aus und fasste seine an.
„Ich muss dir mal was sagen", sagte sie und ihre Stimme klang kratzig. „Aber wenn es dir was ausmacht, sag es bitte. Dann hau ich gleich wieder ab."
„Was soll das?", rief Stefan und hielt ihre Hand fest. „Ich will nicht, dass du wieder abhaust."
„Das Jugendamt sucht mich", sagte sie. „Meine Mutter will, dass ich ins Heim gehe. Und das Jugendamt will das auch."
„Aber warum?", rief Stefan entsetzt. „Wie kann sie denn so was wollen?"
„Wir haben immer nur Zoff, wir zwei. Und dann geh ich nicht zur Schule und so."
„Hm." Stefan wusste nicht, ob er es wagen sollte, sie zu fragen. „Warum eigentlich nicht? Hast du Stress mit den Lehrern?"
„Ja, das auch." Larissa sah aus dem Fenster.

„Ich war nie gut in der Schule. Bin nie hin, habe viel Ärger gemacht. Jetzt soll ich zum nächsten Schuljahr in die Sonderschule."
Sie lachte. Es klang nicht sehr lustig.
„Bin getestet und für doof erklärt worden."
„Scheiße!"
Sofort zog Larissa ihre Hände weg.
„Wenn du mich jetzt Scheiße findest ..."
„Quatsch. Das habe ich doch nicht zu dir gesagt. Ich finde es bloß Scheiße, dass alles so gelaufen ist."
„Das kannst du laut sagen."
Sie saßen immer noch nebeneinander.
„Aber wie soll das jetzt weitergehen?"
„Keine Ahnung. Aber ins Heim gehe ich nicht. Ich haue ab nach Italien. Da ist es warm. Da kann man am Strand schlafen und so. Das ist dann kein Problem."
Stefan kam das alles ziemlich naiv vor. Aber er wollte ihr das nicht sagen. Sonst hätte sie noch gedacht, dass er sie für dumm hielt.
„Ich bleibe auf alle Fälle bei dir."
Er küsste sie. Sie kuschelte sich an ihn.
„Toll, dass ich dich habe."

9.

Lange hatten sie sich in der Nähe des Bahnhofs aufgehalten. Mit dem restlichen Geld waren sie sparsamer umgegangen: Im Aldi hatten sie Fladenbrot und Wasser, Käse und Fleischwurst gekauft.
Jetzt wurde es langsam dunkel.
„Wir gucken mal, wo wir schlafen können", sagte Larissa. „So eine Kleingartenanlage wäre toll. Die Gartenhäuschen kann man leicht aufmachen. Meistens liegt der Schlüssel sogar in der Nähe."
Was das Ausreißen betraf, konnte Stefan wirklich viel von ihr lernen.
Sie bummelten durch die Siedlungen hinter dem Bahnhof. Hier waren viele verschiedene Wohnblocks aneinander gebaut, zwischendurch immer ein paar Rasenflächen mit verrosteten Klettergerüsten und Rutschen. Kein Kind spielte hier.
„Guck mal, da hinten. Eine Fahne. Und wo eine Fahne ist, ist auch eine Kleingartenanlage."
Sie hatte Recht. Sie blickten über den Zaun und sahen viele Gartenhäuser in verschiedenen Größen herumstehen.

„Lass uns warten, bis es dunkel ist.“
Jetzt wurde es allmählich anstrengend.
Die Kälte zog Stefan durch die Hosenbeine.
Der Wind war schärfer geworden. Fehlte nur noch, dass es anfing zu regnen.
Langsam brach die Dämmerung herein.
„Komm, jetzt können wir, glaube ich“, schlug Larissa vor.
Der Lattenzaun, der die Kleingartensiedlung einzäunte, war schnell überwunden. Stefan machte eine lockere Hockwende darüber, Larissa quetschte sich durch eine Lücke, bei der eine Latte fehlte. Vorsichtig sahen sie nach links und rechts. Niemand war zu sehen.
„Guck mal, das Häuschen da sieht ganz gemütlich aus“, meinte Stefan und zeigte auf ein kleines, weiß gestrichenes Häuschen mit Spitzengardinen im Fenster.
Larissa grinste.
„So richtig nach heiler Welt sieht das aus.“
„Dann passt es ja zu uns.“
Stefan rüttelte an der Tür. Natürlich war sie abgeschlossen.
„Soll ich sie eindrücken?“
Es wäre nicht schwierig gewesen.
Das Holz war nicht sehr massiv.

„Nein, bloß nicht!“
Larissa umschlich das Häuschen mit aufmerksamen Blicken, fühlte auf den Fensterbänken nach, sah auf den Boden.
„Aha, dachte ich es mir doch.“ Sie hob einen Stein hoch. „Guck mal!“
Der Stein hatte eine kleine Klappe auf der Rückseite. Larissa schob die Klappe zur Seite und ein Schlüssel kam zum Vorschein.
„Das es so was gibt“, staunte Stefan.
„Lustig, was? Hatte meine Oma auch.
Eine Steinattrappe.“
Sie zog den Schlüssel heraus und öffnete die Tür. Dunkel war es in dem Raum. Es roch muffig.
Stefan und Larissa fassten sich an die Hand, als sie den Raum betraten. Gemeinsam sahen sie sich um.
„Ganz schön.“
„Zumindest kann man es aushalten.“
Ein kleiner Tisch mit zwei Stühlen stand am Fenster. Wie für sie gemacht. Sie ließen sich darauffallen und packten ihr Abendessen aus. Das Fladenbrot schmeckte toll.
Larissa rollte auf dem Boden ihren Schlafsack aus und breitete die Decke darüber.

„Meinst du, das geht so?“
„Fantastisch.“
Sie kuschelten sich eng aneinander. Der Boden war hart, aber nach einer Zeit gewöhnte man sich daran. Stefan lag auf dem Rücken, die Arme unter dem Kopf. Larissa neben ihm.
„Du“, sagte er in die Dunkelheit hinein.
„Ich will dir mal was sagen.“
Larissa schwieg und lauschte.
„Ich finde das überhaupt nicht schlimm.
So mit der Sonderschule und so.“
Ob er das so gut gesagt hatte? Ob sie ihm das glaubte?
Larissa antwortete nicht. Lag einfach nur neben ihm und starrte an die Decke.
Er schob seinen Arm unter ihren Kopf und zog sie an sich. Sie schmiegte ihr Gesicht an seine Schulter. Er küsste ihre Haare, ihre Wangen, ihre Augen, ihren Mund.
„Ich liebe dich“, sagte er.
„Danke“, sagte sie. Obwohl das irgendwie eine komische Antwort war.
Liebte sie ihn eigentlich auch? Das hätte er gerne erfahren.
„Ich will immer bei dir sein“, sagte er leise.
„Hast du das verstanden? Wenn sie uns hier

kriegen und wenn sie versuchen, uns auseinanderzubringen, bitte versprich mir, dass du zu mir hältst."
„Klar."
„Und dass du bei mir bleibst."
„Versprochen."
Er küsste sie wieder, presste sie ganz fest an sich. So blieben sie liegen und rührten sich nicht. Und nach einer Weile hörte er regelmäßige Atemzüge. Larissa war eingeschlafen.
Stefan konnte nicht schlafen. Der Boden war einfach zu hart. Sein Arm war eingeschlafen, aber er wollte ihn nicht wegziehen.
Larissa lag unbeweglich in seiner Armbeuge. Sie schlief bewegungslos und atmete nur ganz leise.
Draußen fuhr ein Auto vor. Stefan sah den hellen Schein am Fenster vorbeistreifen. Waren da Stimmen zu hören? Und das, waren das Schritte? Kamen sie auf das Gartenhäuschen zu?
„Larissa", sagte Stefan leise. „Ich glaube, da draußen ..."
Larissa schoss sofort hoch.
„Ist da jemand?"

„Ich glaube ja."
Sie sprang aus dem Schlafsack, Stefan ebenfalls. Beide spähten aus dem Fenster. Am Zaun am Ende der Kleingartensiedlung parkte ein Auto. Und im Schein der Straßenlaterne erkannte Stefan, dass es ein Blaulicht auf dem Dach hatte.
„Polizei."
„Lass uns abhauen."
Larissa packte ihren Rucksack, Stefan nahm seine Tasche. Sie stürzten zur Tür. Dann sahen sie einander kurz an.
„Jeder sieht zu, dass er wegkommt. Egal wie. Wir warten nicht aufeinander. Kapierst du? Und dann treffen wir uns am Bahnhof."
Stefan nickte.
Leise öffnete Larissa die Tür. Sie wollten ins Freie, doch da sahen sie, wie die Polizisten den kleinen Gartenweg entlang direkt auf sie zukamen.
Stefan rannte in die andere Richtung, so schnell er konnte. Er stolperte über eine Karre. Rappelte sich wieder hoch. Rannte weiter und weiter. In die Dunkelheit hinein.
„Stehen bleiben! Polizei!", rief eine Stimme.
„Stehen bleiben! Sonst muss ich schießen."

Aber Stefan blieb nicht stehen.
Schieß doch, dachte er. Ich bin sowieso schon tot vor Angst.
Jetzt hörte er einen lauten, angsterfüllten Schrei. Larissa!
Oh Himmel, was machten die mit ihr?
„Larissa?", brüllte Stefan jetzt durch die Dunkelheit. „Larissa? Was ist mit dir?"
Jemand kam auf ihn zugerannt. Stefan begann wieder zu laufen.
„Verschwinde, Stefan!", rief nun Larissa.
„Hau ab! Hau bloß ab!"
Dann schrie sie wieder.
„Au, Sie tun mir weh!"
Das konnte Stefan nicht aushalten. Um nichts in der Welt würde er Larissa alleine lassen.
Was sollte er denn ohne sie?
Er blieb stehen und sah sich um.
„Wo bist du, Larissa?", fragte er.
Da packten ihn auch schon zwei Polizisten und drehten ihm den Arm nach hinten.
„Au, verdammt noch mal", fluchte Stefan.
Er wurde zum Gartenhäuschen zurückgeschleppt.
Der Polizist stellte ihn an die Holzwand.
Neben Larissa.

Eine Taschenlampe leuchtete ihm grell ins Gesicht.
„Beine breit!"
Der Polizist tastete ihn ab. Stefan fühlte sich wie ein Schwerverbrecher.
„Wir sind nicht bewaffnet", sagte er.
„Abgehauen, was?" Der Polizist erinnerte ihn irgendwie an seinen Vater. „Tja, das kann ich mir denken. Habt zu Hause wohl beim Abwasch helfen müssen. Und zu wenig Taschengeld gekriegt, was? Oder hattet ihr zu viele Hausaufgaben auf?"
„Also, wenn das meine Blagen wären, denen würde ich zu Hause erst mal den Hintern versohlen", meinte der andere Polizist.
„Vielleicht sind wir ja abgehauen, weil wir Väter wie Sie zu Hause haben", sagte Larissa.
Stefan wartete darauf, dass sie in Handschellen abgeführt wurden, aber die Beamten verzichteten darauf. Sie ließen sie neben sich hergehen.
Als sie aus der Kleingartenanlage geführt wurden, standen eine Reihe von Leuten an der Straße.
„Schon wieder welche", schimpfte eine Frau.

„Im Moment sind jeden zweiten Tag welche da. Vor zwei Wochen hat hier sogar ein Toter gelegen. Mit ’ner Spritze im Arm.“
„Tja, die Menschen werden von Tag zu Tag schlechter“, sagte Stefan.
„Wo soll das nur hinführen“, ergänzte Larissa.

Ihre Personalien waren aufgenommen, die Eltern informiert.
„Meine Mutter kommt sowieso nicht“, erklärte Larissa. „Die hat ganz was anderes zu tun, als mich hier in Frankfurt abzuholen.“
„Ich glaube, du täuscht dich“, sagte der Beamte. „Sie war ganz schön fertig.“
„Das glaub ich nicht.“
Larissa hatte eine große Klappe, aber Stefan sah ihr an, dass sie doch traurig und gerührt war.
„Mensch, ihr müsst doch wirklich mal bei so was an eure Eltern denken“, brummte der eine Polizist. „Deine Mutter“, er wandte sich an Stefan, „war so aufgelöst. Ich glaube, die hat den ganzen Tag lang geweint.“

„Ach Quatsch, die doch nicht“, brummte Stefan, aber so sicher war er sich dann doch nicht.
Sie mussten einige Stunden warten. In der Zwischenzeit waren sie auf der Wache unter Beobachtung. Selbst wenn sie aufs Klo gingen, ließ man sie nicht aus den Augen.
Dann endlich ging die Tür auf und Frau Seidt trat ein.
„Stefan!“ Sie lief auf ihren Sohn zu. „Warum hast du das bloß gemacht?“
Sie hielt sich ein zerknülltes Taschentuch vor den Mund. Ihre Augen waren ganz rot und geschwollen vom Weinen.
„Tut mir leid, Mama.“ Stefan war jetzt selbst nahe davor, zu weinen. Er drückte seine Mutter. Es war schön, sie wieder zu sehen.
„Junge, wenn das alles zu Hause für dich so schrecklich ist, dann sag das doch. Aber tu mir das nie wieder an, ja?“
„Schon klar.“
Stefan schielte zu Larissa hinüber. Sie sah aus dem Fenster. Solche Gefühlsausbrüche schienen ihr peinlich zu sein.
„Mama, das ist übrigens Larissa.“
„Mama, das ist übrigens Larissa!“, äffte ihn

die Mutter nun wütend nach. „Wer soll das bitte sein? Und was hat sie mit dir zu tun?“ Frau Seidt wandte sich Larissa zu.
„Habe ich es dir zu verdanken, dass Stefan abgehauen ist? Wenn ja, dann komm mir bloß nicht zu nahe. Sonst weiß ich nämlich nicht mehr, was ich tue.“
Stefan bekam einen riesigen Schrecken. Er wollte auf keinen Fall, dass seine Mutter jetzt auf Larissa sauer war.
„Sie hat überhaupt nichts damit zu tun“, rief er schnell.
Aber er sah seiner Mutter an, dass sie ihm kein Wort glaubte.
„Fahren Sie jetzt erst mal nach Hause und freuen Sie sich, dass ihm nichts passiert ist“, mischte sich ein Polizist ein. „Und dann sollten Sie sich Zeit nehmen und in Ruhe über alles nachdenken.“
„Komm!“ Frau Seidt fasste ihren Sohn am Arm. „Gehen wir.“
„Warte.“ Stefan riss sich los und ging zu Larissa hinüber.
„Melde dich bei mir. Bitte.“
„Klar“, sagte sie, „das habe ich dir doch versprochen.“

Im Auto sprach er kein Wort. Und er musste die ganze Zeit an Larissa denken. Am liebsten hätte er geweint wie ein kleines Kind.
Als sie fast zu Hause waren, piepste sein Handy. Die Nummer kannte er nicht.
„Bin auf dem Rückweg. Komme morgen ins Heim. Schreibe mit dem Handy meiner Mutter. Larissa."
Stefan drückte auf Antworten.
„Keine Angst. Es wird alles gut. Wir sehen uns. HDL", schrieb er.

10.

Stefan ging wieder zur Schule. Ein kurzes Gespräch mit seinem Klassenlehrer und ein längeres mit seinem Vertrauenslehrer, dann wars fürs Erste ausgestanden.
Allerdings hatte seine Mutter darauf bestanden, mit ihm zur Erziehungshilfe zu gehen. Auch der Vater wollte mitkommen.
„Lass doch die Supernanny zu uns kommen“, schlug Felix vor. „Dann sind wir mal im Fernsehen.“
Die Schule fiel Stefan schwer. Er kam mit dem Unterrichtsstoff einfach nicht klar. Jetzt hatte er sogar in Mathe eine Fünf geschrieben, obwohl das eigentlich sein Lieblingsfach gewesen war.
„Hör zu“, sagte Frau Lempert, als sie ihm das Heft zurückgab. „Jetzt hau aber nicht gleich wieder bei der kleinsten Krise ab. Eine schlechte Arbeit kann man verbessern, Stefan. Man muss sich eben nur mal ein bisschen auf den Hintern setzen.“
„Leicht gesagt“, murmelte Stefan.
In der Pause kam sie noch einmal zu ihm.
„Was ich dir noch sagen wollte“, sagte sie.

„Du bist ein schlauer Kopf und es ist eigentlich kein Problem, das alles hinzukriegen. Aber wenn du meinst, du schaffst das nicht, ist das auch kein Beinbruch. Dann kannst du jederzeit eine Klasse tiefer gehen."
„Soll das ein Witz sein?", fragte Stefan empört.
„Nein, das meine ich ganz ernst", erwiderte Frau Lempert. „Ich finde das auch überhaupt nicht schlimm. Die Klasse unter uns ist nämlich unglaublich nett und du gehörst doch sowieso zu den jüngsten Schülern."
„Ich überlege es mir", sagte Stefan.

Und endlich kam auch eine Nachricht von Larissa. Stefan hatte schon fast nicht mehr damit gerechnet. Ein Mädchen ging auf ihn zu, als er auf dem Weg nach Hause war.
„Bist du Stefan Seidt?", fragte sie.
Stefan nickte verwundert.
„Ich habe eine Nachricht für dich."
Sie kramte in ihrer Schultasche und zog einen Zettel heraus. Blauer Kuli auf Ringbuchpapier.

„Hi Stefan!
Bin im Haus Regenbogen, einem Heim in Rheinbogen, nicht weit von hier. Es ist ganz schön hier. Mit vielen Tieren und Kindern.
Du kannst mich jederzeit besuchen.
Und anrufen kannst du auch.
HDL, Larissa.“
Dann folgte ihre Telefonnummer. Stefan zog sofort sein Handy und rief an. Es war eine Frau am Telefon. Sie klang freundlich und sagte ihm, dass Larissa noch in der Schule wäre. Aber sie lud ihn für das kommende Wochenende ein. Stefan war überglücklich.

Der Weg nach Rheinbogen war gar nicht so weit. Eine kurze Fahrt mit dem Zug, danach mit dem Bus.
„Das kann man sogar mit dem Fahrrad schaffen“, dachte Stefan.
Larissa kam ihm entgegengelaufen. Sie sah aus wie immer: Zopf auf dem Rücken, weite Hose, schwarzes T-Shirt.
„Hi.“
„Hi.“

Sie küssten sich. Ein kleiner Junge beobachtete sie.
„Seid ihr verliebt?“, fragte er und grinste so breit, dass man seine Zahnlücken sehen konnte.
Stefan dachte an Felix.
„Kein Neid, Kleiner. Du kriegst auch noch ’ne Freundin.“
„Hab ich schon“, sagte der Junge.
Da mussten sie lachen.
Larissa zeigte ihm ihr Zimmer, die Zimmer der anderen, die Küche, das Esszimmer, den Besprechungsraum. Es gab auch so eine Art Ruheraum mit Matratzen und einen Therapieraum, der mit vielen Materialien gefüllt war.
Stefan fand es ein bisschen unheimlich.
„Warst du da schon mal drin?“
„Klar“, lachte Larissa. „Man muss ja lernen, mit seiner Vergangenheit klarzukommen.“
Das hörte sich irgendwie erwachsen an.
Dann zeigte ihm Larissa noch den Stall.
Hier gab es ein Pony und einen Esel, Katzen, Hunde und zwei Ziegen. In einem anderen Stall waren Kaninchen und Meerschweinchen untergebracht. Auf dem Hof waren

viele Kinder und spielten mit den Tieren oder unterhielten sich.
„Es sieht hier wirklich gut aus“, sagte Stefan erleichtert. „Ich bin froh, dass du so gut untergebracht bist.“
„Ich auch.“ Larissa lachte. „Und einmal im Monat kann ich zu meinen Eltern. Dann bin ich auch in deiner Nähe.“
Sie machten einen langen Spaziergang, aßen dann mit den anderen selbst gemachten Kuchen. Als es schließlich Zeit wurde zu gehen, brachte Larissa ihn noch zur Bushaltestelle. Der Bus kam schon um die Ecke. Sie küssten sich.
„Komm bald wieder.“
„Bestimmt.“
Stefan stieg ein und lehnte seinen Kopf ans Fenster. Als der Bus anfuhr, warf ihm Larissa einen Handkuss zu.
Auf dem kleinen Bahnhof hatte er eine halbe Stunde Zeit, bis sein Zug kam. Stefan studierte die Abfahrtszeiten.
In drei Minuten würde der Zug nach Basel vorbeifahren. Basel. Wie sehr hatte sich Larissa darauf gefreut.
„Achtung“, ertönte nun die Stimme des

Bahnhofssprechers durchs Mikrofon.
„Ein Zug fährt durch."
Ein Rauschen war zu hören. Dann raste der IC an Stefan vorbei. Der IC nach Basel. Stefan starrte ihm lange nach.
Nach Italien wollten sie. Ein neues Leben anfangen. Aber jetzt waren sie doch wieder im alten Leben gelandet. Hatten sich die Dinge verbessert? Für Larissa bestimmt. Das Heim war schöner als der Bauwagen. Und die Schule würde sie auch schaffen. Und für ihn? War es wirklich besser geworden? Katharina ging in die Tagesstätte. Felix kam erst nachmittags nach Hause. So gesehen war es besser geworden.
Okay, Paul und er mussten selber kochen. Aber das war nicht wirklich ein Problem. Fehlte nur noch die Schule. Da musste er sich wirklich auf den Hosenboden setzen. Aber in Mathe hatte er letztes Mal gut mitgemacht. Immerhin ein Anfang.
Ja, die Dinge waren nicht perfekt. Aber das Leben war eben nicht perfekt.
Doch so lange, wie Larissa ihn liebte, war das eigentlich auch kein Problem.
Im Grunde war es dann sogar ein Kinderspiel.

Weitere Titel aus der K.L.A.R.-Reihe

Sauf ruhig weiter, wenn du meinst!

Annette Weber

Meike ist seit vier Wochen mit Tom zusammen. Für sie ist es die erste große Liebe. Aber Tom ist Alkoholiker, ständig pleite und lügt Meike immer öfter an. Sie hofft, ihn von der Flasche wegzubekommen, aber Tom legt auf ihre Hilfe keinen Wert. Dann trifft Meike Richard …

12–16 J., 85 S., 12 x 19 cm, Pb.
ISBN 3-86072-875-X
Best.-Nr. 2875
5,– € (D)/5,15 € (A)/9,– CHF

Keine Chance – Wer geht denn schon mit Türken?

Annette Weber

Sinan wird bei einem Diebstahl mit seiner Clique erwischt. Als Haupttäter denunziert, erwartet ihn ein Prozess. Das Geld dafür will er mit einem Job auf einem Reiterhof verdienen. Dort begegnet er Mia, einer dieser superreichen, verwöhnten Pferdetussis. Das denkt er jedenfalls am Anfang …

12–16 J., 90 S., 12 x 19 cm, Pb.
ISBN 3-86072-919-5
Best -Nr. 2919
5,– € (D)/5,15 € (A)/9,– CHF

Total verknallt! Echt kompliziert beim ersten Mal

Kurt Wasserfall

Benni ist zum ersten Mal so richtig verliebt, doch er merkt schnell, dass das mit der Liebe gar nicht so einfach ist: Himmelhochglücklich und dann immer wieder die Angst, alles falsch zu machen und seine Traumfrau zu verlieren …

12–16 J., 89 S., 12 x 19 cm, Pb.
ISBN 3-86072-931-4
Best.-Nr. 2931
5,– € (D)/5,15 € (A)/9,– CHF

Aber ich bin doch selbst noch ein Kind!

Annette Weber

Laura ist 15 und ungewollt schwanger. Vater ihres Kindes ist der siebzehnjährige Jonas, der aber von einem Kind überhaupt nichts wissen will. Auch für die Eltern der beiden gibt es nur eine Lösung: Abtreibung, und zwar so schnell wie möglich. Laura fühlt sich mit ihren Ängsten und Zweifeln allein gelassen und entschließt sich nach mehreren Beratungsterminen …

12–16 J., 97 S., 12 x 19 cm, Pb.
ISBN 3-86072-977-2
Best.-Nr. 2977
5,– € (D)/5,15 € (A)/9,– CHF